현대신서
88

철학 연습

마들린 아롱델 – 로오

최은영 옮김

東文選

철학 연습

Madeleine Arondel-Rohaut

EXERCICES PHILOSOPHIQUES

차 례

Ⅱ 기적적인 것에서 본질적인 문제까지?
질문들

III 속기 쉬운 용이성…
너무 명백한 표현들

Ⅳ 무력화시키는 혼미 상태를 치유하기…
불확실한 표명들

서 문

1. 혼자 생각하면?
편견에서 개인적인 이해까지

▶ 광고판, 도로 표지판, 미니텔이나 컴퓨터 화면을 거쳐 알람 라디오에서 텔레비전 방송까지 정기 간행물, 그리고 식사중에 나온 말이나 길거리에서 들리는 말도 망각하지 않은 채 지극히 **평범한 우리의 일상 생활은 음성 세계 속에 깊숙이 젖어 있다.**

그렇다면 그것은 무엇을 말하고 있는가? 때로는 아무것도… 아니 아주 조금 의미를 나타내고 있다. 그러나 매우 많은 것을… 아니면 지나치게 많은 것을 나타내기도 한다. 왜냐하면 우리가 받은 교육, 게다가 **우리의** 선택, 우리의 습관, **우리의** 욕구·환경, 그리고 우리들 개인의 몽상·학습, 우리들의 혁신 등, 이런 모든 것들은 언어의 세계에서 여러 가지 다양한 의미를 지니고 있으며, 아주 사소한 언술을 만들어 내고 있기 때문이다.

오해와 이중 언어, 함축된 의미들, 모호성, 모든 것이 매우 단순하다고 생각되어졌지만 우리는 이미 이런 복합적인 것을 경험했다. 그래서 우리는 가장 흔한 말과 가장 '표현을 풍부하게 담고 있는' 언술이 그리 단순하지도 명확하지도 않다는 것을 이해하게 된다.

　성가시거나 실망하게 되고, 당황하지는 않더라도 화가 나고 당혹스러우면 우리는 포기할 것인가? 아니면 대부분의 시간에, 우리에게 의미 있는 세상이 형성하고 있는 진짜 미궁 속에 뒤얽혀 정신이 없는 상태에서 그럭저럭 조치를 취해 벗어나 보고자 애쓸 것인가?

　▶ 의식이 형성되는 결정적인 순간에 철학적인 분석은 개입된다.
…복잡한 것에 과감히 맞서라.
　의미의 잡동사니 속으로 빠져드는 것을 거부, 뚫고 지나가야 하는 군중의 웅성거림이나 굴곡 앞에서 '무언가 이해하기'를 포기하는 것을 거부, 데카르트가 말했듯이 '닫힌 눈을 열려고 전혀 애쓰지 않은 채 눈을 감고 살기'를, 즉 모든 조작을 할 수 있는 자의적인 맹인으로 살기를 거부, 허망하게 자성하는 입장을—— '나는 내 말이 무엇을 의미하고 있는지 잘 알고 있어!' ——가지기를, 즉 정신 분열 증세에 유폐되기 전단계를 거부, **철학적 분석은 자유롭고 명백하게 그리고 의욕적으로 이해하면서 의사 소통하려는 욕구이다.**

　용어의 그리스어 어원이 가리키고 있는 것을 제외한 <u>분석</u>을 통해, 즉 전체를 여러 부분으로 분해하고 파악하는 것을 통해서, 그리고 부분이 유지하고 있는 여러 관계들을, 그러니까 부분들간의 관계와 전체와 관련한 관계들을 찾아냄으로써 무엇을 이해하게 되는가? 다르게 말해 **분석을 한다는 것은 감히 복합성에 직시하는 것이며,** 감히 뒤얽힌 실타래를 풀어——여기서는 우리가 내뱉고 있는 아주 다양한 말들——하나씩 각각 가능한 의미를 취해 보고, 그 의미에 휩쓸려 가고 있다고 생각되는 것을 서두르지 않고 펼쳐 보며, 그 의미가 어떤 매듭을 짓는지 보기 위해, 즉 교차시켜 보고 풀어헤쳐 보고 그리고 비교해 보기 위해 끝까지 가보는 것이다. 결국 그것은 또한 속임수를 쓰지 않고 섬세한 전개를 통해——우리 생각에——부조리한 것이나 비정상적인 생각에, 소리 없이 우리에게 남아 있는 상투적인 말이나 자명한 이치('더 할 말이 있는가?'), 그리고 반론에 과감히 대처해 보는 것이다.

그러므로 분석을 하는 데는 대담성만큼이나 인내 또한 똑같이 필요하다….

…그리고 '의미의 기술자'가 되라.

▶ 그럼에도 불구하고 혈액 분석, 공기 분석 등의 분석은 연구실로 넘어간다. **보다 분명한 어떤 의미에서 우리는 '철학적 분석'에 대해 말할 것인가?**

이번에 분석해야 할 대상은 물리적인 성질의 것이 아니다. 그것은 깊이 연구하고 조사하고 다루어 봐야 할 것으로, 흔히 결코 동등하지 않는 현실 세계에 대해 극도로 다양한 해석과 판단이 내려지는 가운데 실존하는 개념들이다. 만약 사람들이 말하고 있는 현실 세계가 매우 표면적인 특성을 보유할 수 있다면, 말(parole)은 내적인 이해를 가리키고 있다. 그때부터 모든 언술은 의미를 지니고, 그 의미는 분석되며 생각해 보아야 하는 것이다.

그때 의미가 진열장의 과일처럼 제기되어지는 한, 나는 이런저런 의미를 지켜보는 관객에 불과하다. 즉 나는 그 의미 속에 포함되지 않는다. 왜냐하면 나 또한 그런 의미를 생각하고 있지 않기 때문이다. 본래의 철학적 행위는 일어나지 않는다. 반면 칸트가 강조했던 것처럼 오히려 철학하기를 배우는 것이 중요하다면, 나는 거기서 주어진 사고·질문·판단을 내 것으로 여기며 '철학하는 행동'으로 넘어가야만 한다. 그것들은 나의 사고 영역 밖으로 제쳐두기보다는 생각을 할 경우에만 '의미를 형성할 것이다.' 그것들을 이리저리 궁리하고 조사해 그것들의 빈틈을 '메워 주면서,' 사고는 그 속에서 의미를 수행하고 있다.

그러므로 '철학적 분석에 들어간다'는 것은, 어떤 관점을 채택하기를 바라는 것인 동시에 진짜로 생각하며 실천하는 것이다.

2. 방법론이 없는 방법이란?
자유로운 사고의 장애를 찾아보라

철학적 분석의 모든 과정에 나타나는 주요 장애물은, 그 과정을 가능성으로 묶어두고 분명히 확인하는 것이 좋을 잘 알려진 몇몇 태도들로 구성되어 있다.

▶ 없애야 할 첫번째 반응은 이야기되고 있는 것에 대한 이해와, 내가 내린 가치 판단을 하나의 똑같은 움직임으로 연결시키는 데 있다. 이는 분석에 해로운 두 가지 결과를 이끌어 내고 있다. 즉 할 말이 아무것도 없는 혼란과 감정이 그것이다.

이런 태도는 특히 좋아하는 영역으로 **완전히 형성된 사고들의 세계**를 가지고 있다. 우리는 그 세계에서 그 사고가 바로 우리들의 생각이라 확신하면서 형성된 사고를 있는 그대로 심사숙고하지 않은 채 답습하며 즐겁게 진화하고 있다. '선입관'을 집중 탐구한다는 것은, 이미 데카르트가 《방법 서설》 전반부에서부터 우리에게 권유했던 것이다. 철학적 분석에 대한 학습은 실제로는 **보편적인 명증들을 다루는 것**, 보편적인 명증의 내용을 분석하는 것부터 시작되어야만 한다. 이 책 전반부의 목적이 바로 그것이다. 여기서의 목적은 학생들 혼자 생각하도록 내버려두지 않는 허튼 소리들을 수정하려는 것이 아니다. 오히려 활동중인 사고를 제시하는 것이 더 중요하다. 그러므로 우리는 표현과 용어가 지니는 의미에 대해 깊이 사고하는 작업, 단순하지만 까다로운 사고의 작업을 시작함으로써 철학적 성찰이 잘못된 확신 뒤에 있는 진짜 질문들을 어떻게 발견하고 있는지를 보여 줄 수 있을 것이다.

▶ 두번째 시도는 질문의 형태와 질문에 사용된 용어들을 검토하지 않은 상태에서 답해 보려고 한다. 이는 때때로 질문을 '이목을 집중시키는' 한두 단어들로 축소시켜 우리에게 질문을 망각하게 만드는 좋지 않은 효과가 있다.

첫번째 것과 비교해 볼 때, 이런 태도는 좀더 싸우기 쉬운 것처럼 보일 수 있다. 질문은 이미 던져졌으므로 질문에 유의하기만 하면 되기 때문이다. 물론 명백히 말해 함정은 계속 남아 있다. 근본적으로 사고의 작업은 질문의 단계에서 실행되는 것이 아니라, 대답의 단계에서 이루어지기 때문이다. 그러므로 두번째 단계에서는 질문 자체를 공략하는 것이 우리들의 연구 목적이 될 것이다.

▶ 결국 외관상으로는 대립되지만 실제로는 유사한 두 태도들을 버려야만 한다. 한편, 나의 이야기에만 속하는 단순한 소재처럼 나타나고 있는 것을 생각하는 태도는 분명 재미는 있지만 처음에 한 말에서 완전히 '빗나간' 언사와 '감춰진 대화'를 막무가내로 이끌어 내고 있다. 또 다른 한편, 제시되고 있는 발언에 즉각적으로 애써 관련시키는 태도는 널리 연구된 어느 주제를 가지고 성찰 작업이 아닌 '빈 곳을 채우는' 단순한 작업을 하도록 이끌고 있다.

영혼의 가장 은밀한 내적인 기능 정지가 바로 이 두 가지 태도 속에 숨겨져 있다. 이것들을 똑같은 고발로 연결하는 것은 역설적인 것처럼 보일 수 있다. 전자는 내가 가지는 의미와는 다른 모든 의미들을 감추고 있는 나의 '자아' 앞에서 그렇게 자리하고 있다. 반면 후자는 반대로 내 입장에서 성찰 작업을 하고 있다고 생각되는 지식들을 구실삼아 '자아'의 부재를 고수하고 있다. 그러나 그것들이 공동의 운명체라는 생각이 드는 것은 바로 대립을 거부하고 있다는 것이다. 가장 완강한 저항은——정신의 감각에——필수적으로 일어나는 반응에 경직되어 버린 정신 그 자체에 대한 저항이다. 한순간에 정신을 잃은 행위를 혼란으로 인식하고 있다. 일반적으로 정신의 나태함으로, 또는 정신의 확고함에 유폐되어 있는 것으로 고발하고 있는 것이 결국 안정성에 대한 욕구에 속하지 않을까? 모든 것을 빼앗겨 혼자이기에 발생하는 불안감, 즉 사고의 행위를 피하려는 이런 위축된 태도 속에서 우리는 안정성에 대한 욕구를 유지하고 있다. 그러므로 결국 **정신 그 자체를 최후의 장애로 모는 것**은 우리의 관심을 끌게 될 것이다.

이런 습관적인 태도들은 우리에게 매우 소중하다. 그러므로 그것들은 우리의 일부분이다. 그것을 버린다는 것은 진정한 슬픔을 의미할 것이다. 그러나 아주 사소한 철학적 분석을 하기 위해서는 그런 태도를 가질 필요가 있다. 그런 태도들을 포기하는 것은 그것을 '무시하는 것'이 된다. 다시 말해 정반대의 태도를 체계적으로 취하게 될 것이다. 자의적으로 심사숙고한 후에 **우리의 의견과는 별개로** '아 그래?' 하며 놀라고, '왜? 어떻게? 어떤 범위에서? 어떤 조건(들)로?'라고 의문을 가지고 항변하며, 그리고 그것을 전개하려고 애쓸 필요가 있을 것이다.

심사숙고하는 객관적인 시각으로 행하는 지칠 줄 모르는 작업인 철학적 분석은 정신이 망을 보도록 요구하고 있다. 그 정신은 검토하라고 제기된 것에 신경을 기울이고 있으며, 그만큼 함축된 의미를 파악하려고 주의를 기울이고 있다.

철학적인 모든 분석이 일어날 때, 활동중인 과정들을 명백히 하려 노력함으로써 정신이 실행되고 있는 전개 유형과 탐구의 시행 착오 자체, 즉 이런 초기의 교훈들은 **방법을 적용시키는 것보다 사고에 대한 모험 자체와 다를 것이 없는 모험을 하는 것이 더 중요**함을 가르쳐 주고 있다.

I

상식적인 의미…

보편적인 명증들

1. '사랑에 빠지다'

용어 분석

▶ 이 표현은 누구나 아주 분명히 이해하고 있기 때문에, 그것에 대해 그다지 할 말이 없어 보이는 **아주 흔한 표현**이다. 그러나 우리는 그러한 구절 속에서 사고가 어떻게 일어나는지를 유의해 '사랑에 빠지다'라는 표현을 정밀 분석하면서 경험해 보도록 하자.

이 표현은 두 단어로 이루어져 있다. 첫번째의 단어가 사랑을 가리키고 있음을 어렵지 않게 이해할 수 있다면——그 점에 관해서 말할 수 있을 모든 것들에 대해 '시작하고' 싶은 욕망은 분명 강하다——'빠지다'라는 아주 흔한 단어에 대해서는 뭐라고 말할 수 있을까?

우리는 '영감을 받거나' 아니면 그 단어를 이해하지 못한 척함으로써 사랑에 대해 우리의 정신을 한껏 집중해야만 할까?

▶ 둘 다 아니다. **과감하게 단어를 직시해 살펴보자.** 어떤 의미

(들)을 함축하고 있는가? 좀더 쉽게 생각하기 위해서 마음속으로 사랑에 빠진 어떤 사람에 대한 '영화를 상영하라.' 그리고 '영화 속에 빠지지' 않도록 어떤 자유를 지키면서 상응하는 관념에 유의하자.

우선 빠진다는 현상에서 두드러질 수 있는 것은 **갑작스러움**이다. '갑작스러운' 것이기 때문에 예상치 못한다는 것인가? 관념을 더 잘 이해하기 위한 등가어 연구를 보면 그런 것 같지 않다. 어떤 것들은 예상하고 있으면서도 갑작스러울 수 있기 때문이다. 우리는 준비하고 있을 수는 있다. 그러나 사실 이 경우에는 추락이 창문을 통한 '장대' 높이뛰기라기보다는 허공 속으로 낙하산을 메고 '하강하는' 것이라 할 수 있다. 이는 또한 단어를 포함하고 있으면서도 심적으로나 정신적으로 약해져 있는 병자나 아이들에게 예상될 수 있는 것이다.

따라서 갑작스러움이 필요하기는 하나 꼭 충족시켜야 하는 특성은 아님을 인정해야 한다. 여기에 무엇이 더 있을까? 분명 예상치 못했던 갑작스러운 위치 변화가 있을 것이다. 서 있는 자세에서 옆으로 누운 자세, 드러누운 자세, 혹은 엎드린 자세로의 변화가 있을 것이다. 사실 '공들인' 자세가 아니라면 그 어떤 자세이든 그리 중요하지는 않다. 연구의 윤곽을 다듬어 주는 반론을 보면, 앉아 있거나 누워 있을 때조차도 우리는 떨어질 수 있기 때문이다.

그러므로 선행되어 일어나는 모든 것들에 비추어 보면, 두 가지 생각이 추가적으로 필수 불가결하게 일어난다. '고의로 떨어지지' 않았다는 생각과——즉 **무의식적인** 특성——**바닥**에 있다는 생각, 이는 중력의 과중이 나를 꼼짝 못하게 만드는 낮은 자세로 바닥에 있게 할 뿐 아니라, 특히 나를 구분시키지도 않고 먼지를 뒤집어 씌운 채 '큰 대(大)자로 뻗은' 상태로 바닥에 있다는 생각은 절대적으로 필요하다. 후자의 요소는 바로 인간의 위엄 그 자체를 문제삼고 있는 듯하다. 서 있는 자세는 본질적으로 지배의 자세이며 통치의 자세이므로….

▶ 이번에는 찾아낸 세 가지 특성을 보충하고 이용하면서 '사랑에 빠지다'라는 전체 표현이 어떤 기능을 하는지 살펴보자.

그래서 '사랑에 빠지다'라는 친숙한 표현이 겉보기와는 달리 사랑의 감정을 갑작스럽고 완전히 무의식적인 것으로——우리는 주문에 의해 사랑하고 있지 않으니까!——규정짓고 있다고 생각할 수 있다. 여기에 **예측 불가능**한 특성이 덧붙여진다. 생각지도 못했던 길가의 돌에 걸려 넘어졌던 내가 그 돌을 미처 피할 수 없었던 것과 마찬가지로, 이 사람과 사랑에 빠지게 된다는 것을 예상할 수 없을까! 여기서 사용되고 있는 '할 수 없는'이란 표현에 주목해 보자. 이 표현은 하나의 사고 이상을 제공하는 것일까, 아니면 예측 불가능하다는 것과 같은 뜻일까? <u>이를 이해하기 위해 좀더 명확한 동의어 '불가능한'이란 단어를 그 표현에 대체시켜 보자. 그리고 다음과 같이 생각해 보자….</u> 나는 **빠져 나가는 것이 불가능하다**는 느낌을 피할 수 없었던 것 같다. 여기서 이런 종류의 필연성은 어떤 성질에 속하는 것일까? 단순히 채택된 특성들의 통합일까? 어찌되었든 무언가에 대한 생각은 그런 현상을 이끄는 외적인 것 '처럼'——길·돌·신발——예측 불가능하고 무의식적이며 피할 수 없는 측면과 어느 정도는 조화를 이루고 있을까? 모르겠다! 그리고 왜 하필 지금 여기서 어떤 사람과 사랑에 빠져 있는가? 모르겠다! 어떤 사람들이 하늘에 계신 신들에 의해 씌어진 전통적으로 사랑의 열정이라 명명되는 것의 비운을 운명이나 숙명이라고 규정지을 만큼, 이는 설명하기 어려운 측면이다.

《안나 카레니나》나 《로미오와 줄리엣》 혹은 《페드르》와 관련지어 보면, 사랑은 그들을 이해하고 있으나 실제로는 추락 속에 있는 것처럼 그들을 불안정하게 만들었다.

사랑에 '빠졌으므로' 그들은 격한 감정의 동요와 더불어 상반되는 감정에 사로잡혀 감격하고 마음이 마비되어, '놀랄' 정도로 이성과 평소의 냉정을 상실하고 있다. 장 라신의 《페드르》는 이렇게 말하고 있다. "나는 그를 보고 얼굴이 붉어졌으며, 그의 시선에 나의 얼굴은 창백해졌도다."

함의 탐구

결국 오늘날 우리가 흔히 사용하고 있는 이 표현은, 고전 작품들이 사랑에 대해 가지고 있던 수동적 측면과 부정적 측면 모두를 함축하고 있다. 실제로 정열에 빠진 사람은 자기 자신을 통제할 힘을 상실해 놀라고 방황하는 자기 자신에게 일어나는 일에 대해 더 이상 인식하지 못한 채, 자기 자신의 '가장 낮은 곳에' 처해 있기 때문이다.

▶ 그러나 표현이 함축하고 있는 바에 대한 연구를 여기에서 그친다면, 사랑에 대해 부정적으로 함축하고 있는 의미가 우리가 처한 관점에 기인한다는 사실에만 이의 제기를 할 수 있을까? 사실 사랑하고 있는 사람의 평가는 사랑하고 있지 않은 사람의 상태와 비교함으로써 이루어지고 있다. 사랑을 하고 있는 사람의 상태가 사랑을 하고 있지 않는 사람의 혼란 상태로 인식되고 있다. 그렇다면 소위 '사랑하지 않고 있는' 상태란 무엇인가?──분석할 때 나타난 기준들을 되짚어 보자──사랑하지 않고 있는 상태에는 갑

작스러운 돌연함과 예측 불가능함은 없는 것일까? 어떤 행동이나 상황에 대한 무의식적이며 필연적인 특성이 드러나고 있지는 않은가? 물론 우리는 요소 분석의 단계에서 생각지 못했던 것, 다시 말해 지상에 있다는 의미의 '떨어지다' 는 동사를 생각하면서 좀더 깊이 있게 탐구할 필요가 있다. 분명히 소위 서 있는 정상적인 상황과 잘 비교하고 있으며, 그 차이는 명백하게 나타나고 있다. 그러나 어떤 관점으로 비교를 하였는가? 단순한 습관적인 질문인가?——일반적으로 땅에 있다면 놀라운 것은 서 있다는 것이 될 것이다——아니면 **규범적 질문**인가? 살아 있는 존재이며 이성을 부여받은 존재인 인간은 사랑에 '빠지게(tomber)' 되어 있는 것인가? 그 동사 또한 무덤(la tombe)이라는 명사를 가지고 있다. 명사는 살아 있는 자에게 있어야 하는 것과 상반되는 생기 없는 무기력한 부동의 상태 이외에도 땅의 **침묵**, 즉 피할 수 없는 결정적인 중력이 우리를 묶어두는 '낮은 곳' 을 연상시킨다. 그런데 실제로 사랑의 감정은 우리를 **벙어리**로 혹은 더듬더듬 말하게끔 만들고 있을 뿐 아니라, 우리의 사랑과 연관이 없는 것들을 **듣지 않도록** 만들고 있다. 자신의 환경에 불안해하고 '마비' 되었기 때문에 사랑을 하는 주체는 갑작스럽게 부적합한 듯 보인다. 주의 깊고 유연하며 역동적인 산 자의 기준 유형에 그가 더 이상 해당되지 않기 때문이다. 이미 산 자의 기준 아래 있으므로 사랑을 하는 사람은, 특히 인간 유형의 기준을 이루고 있는 것 바로 아래로 '떨어진다.' 사랑하는 사람은 말없이, 아니 거의 말도 하지 않고 감정 통제도 하지 않은 채, 있는 그대로의 감정을 분출하는 어린애 같은 행동이나 동물적인 행동을 하면서 그 속에서 이성을 잃은 상태로 사고를 하고 있기 때문이다. '사랑에 빠진다' 는 것, 즉 그것은 우리를 제외한 상태에서 마음속에서 일어나는 대로 행하고 있기 때문에 우리 자신을 방관하고 있다는 의미에서 '빠지는' 것이다. 다르게 말하면 우리 마음속에 있는 본능은 이성의 뒤를 잇고 있는 것이다. 그러므로 '땅보다 더 낮은 곳으로 떨어진다'는 것을 포함한 모든 것이 가능해진다. 사랑받는 존재의 발 아래로 떨어진다는 것, 그의 노예가 된다는 것, 그것은 또한 인간의 고귀함과 위대함을 이루고 있는 것, 즉 자유를 포기하는 것이다.

▶ 따라서 '떨어지다'는 동사의 함축적인 의미들을 단순히 전개함에 있어 비관적으로 보여진 묘사는, 그 표현이 함축하고 있는 철학적 개념을 매우 명백하게 해주고 있다. 사랑에 대한 수동적 접근은 모든 인간의 존엄성 속에서 인간이 갖추고 있는 능력들(즉 이성, 화술, 의지, 자율성, 도덕적·사회적 의미, 자유)의 대부분을 인간에게서 박탈시키고 있기 때문이다. 상당히 오래 된 이중적 개념은 정신을 본능에 대립시키고, 질서를 무질서에, 이성적인 것을 감성적인 것에 대립시키고 있다. 우리는 오늘날의 이런 표현 속에도 철학적 분석은 어떤 놀라움을 남겨두고 있다고 생각한다!

물론 우리는 당신을 '격찬할' 또는 당신을 '전속력으로 달리게 할' 사랑에 관한 또 다른 개념들을 보게 될 것이다. 그리고 사랑 덕분에 그렇게 '장밋빛 인생'을 본 우리는, 이번에는 현실에 대한 통찰력과 통치를 할 수 있는 사람으로 '지상으로 되돌아오라'고 당신에게 요구할 것이다. 그럴 경우 사용되었던 표현은 그 원래의 요지 때문에 밀리게 될 표현의 의미를 굴절시키는 설명으로 이어질 것이다. 아니면 나는 '사랑에 빠지게 되었다' ——수동태임을 유의하자——라고 말하기보다는 '사랑하고 있다!'라고 말할 것이다.

2. '제로에서부터 다시 시작하다'

이 표현은 우리 모두 들어 보았거나 말해 본 표현이다. 그 의미는 지극히 분명하고 명백히 이해할 수 있다. 그러나 이 표현은 전체적으로 제시되어 있다. 따라서 아주 작은 의미들을 포함하고 있는 이 표현을 펼쳐 보자. 그리고 나서 그 표현이 암시하고 있는 바를 심사숙고해 보자. 그로 말미암아 표현이 드러내고 있는 문제점과 우리가 전혀 의심치 않았던 문제점들도 곰곰이 생각해 보자.

용어 분석

▶ '다시 시작하다(repartir)' 라는 단어가 '제로(zéro)' 와 연결되지 않았다면, '다시 시작하다' 라는 단어가 여기서 지니게 될 모든 힘을 혼자서는 가질 수 없을 것이다. 숫자의 사용은 이 표현에 어떤 근본적인 특성을 부여하며, 어떠한 타협도 없이 냉철한 수학 계산의 참만큼이나 분명하고 명확한 특성을 부여하고 있다.

더구나 '제로' 는 그 어떤 숫자도 아니지 않은가! '중성' '공백' 이라는 기발한 술책은 사람들이 산술 계산으로 알고 있는 엄청난 연산 능력을 가능하게 해주며, 동시에 '아무것도 아니다' 또는 '무가치하다' 는 부정적 사고를 가능케 한다.

그러나 긍정적이지도 부정적이지도 않으면서 그 둘 사이에 정확히 위치하고 있는 '제로,' 그것은 '플러스' 도 '마이너스' 도 아니며, '+1' 도 '-1' 도 아니다. 그러나 이 표현을 인간 생활 방식과 관련해서 어떻게 이해할 수 있을까? '플러스' 의 측면부터 살펴보자.

'제로에서부터 다시 시작한다' 는 것, 그것은 '플러스 상태에' 있던 모든 것이 더 이상은 존재하지 않는다고 생각하라는 것인가? 우리는 최단 시간에 이루어진 것일지라도 생활 속에서 서서히 **획득한 모든 것들**을 다음의 영역에서 생각해 볼 수 있다. **우리가 소유하고 있는 것**(화재·홍수·전쟁 등의 경우처럼 개인적인 사건들·가구들·책들·집 등)에 대해 생각할 수 있는 것만큼이나 마찬가지로 **현재 우리의 상태**, 즉 이 목소리, 이런 기억, 적응성, 어떤 도구의 숙련, 이런 자신감 등에 대해서도 생각해 볼 수 있다. 그리고 가족·친구들과의 관계에서 맺어지는 **애정적이고 인간 관계적인 삶**에 대해서도 생각해 볼 수 있다. 구성되고 만들어진 모든 것이 지워진 것처럼 파괴되어 버린다. 다시 말해 '제로'로 되돌아가는 것이다. 이번에는 '마이너스' 측면을 살펴보자.

'마이너스 상태에' 있던 것 또한 사라져 버렸다. 이것은 또 무슨 의미인가?

'마이너스 상태에' 있다는 것, 그것은 **우리가 빚지고 있는 것**, 즉 **물질적인 빚, 정신적 혹은 지적인 빚**일 수 있다. 이런 단순한 '제로'의 단계를 '만회하지' 못하는 동안 나는 정상적으로 살 수 없다. 만약 긍정적인 습득의 측면에서 '제로'가 하나의 재앙으로 나타날 수 있다면, 부정적인 습득의 '제로'는 진정한 행복이 된다. 이런 중압감, 타인에게서 간파해 낸 그들의 저의가 담겨진 연체를 마무리지어라…!

첫번째 평가를 해보자.

'플러스'도 '마이너스'도 아니기 때문에 '제로' 상태에 대해 오랫동안 논의한다는 것은 우선 제로가 가진 **양면성**(대립되는 이중적인 가치)을 찾아낼 수 있게 하였다. 이 양면성에 따라 '제로에서부터 다시 시작한다'는 표현은 다음과 같이 해석될 수 있다. 즉 제로는 '플러스'와 '마이너스' 사이에 위치하고 있기 때문에 모든 것은 우리가 잃어버린 것에 달려 있다고 해석될 수 있다!

그러나 두번째 지적으로 어찌되었건 **우리는 무언가를 잃어버리고 있는 것이다!** 그렇다면 잃어버린 것은 무엇과 관련되어 상실된 것일까? 만약 제로가 우리가 '플러스'라고 측정한 그 무언가와 비교해, 또는 잃어버렸던 '마이너스'와 비교해 기준의 역할을 상당히 잘 해내고 있다면, 이런 기준에 맞춰 우리는 명백하게 무엇을 제시하고 있는가?

나의 '제로'가 전문적인 활동을 지칭하고 있다면, 내가 실행했던 일이 더 이상 통용되지 않을 때, 나는 '제로에서부터 다시 시작한다'는 것에 대해 말할 것이다. 나는 제로에서부터 다시 시작함으로써 완전히 다른 그 어떤 것을 배워야 하기 때문이다.

만약 그 이상으로 마치 '제로'처럼 작동하고 있는 내 기준이 나의 어린 시절에 의해 형성된 것이라면——나의 성인 생활은 취득된 것이다——내가 '제로에서부터 다시 시작한다'고 말하는 것은, 곧 내가 40세에 부모의 집에서 나오면서——일, 내 가족, 내 집도 없는 상태의——나 자신을 발견하는 것이라고 말하는 것과 같다. 간단히 말하자면 내 것이었던 삶이 '마치' 존재하지 않았었던 것처럼 되는 것이다.

그러나 만약 제로가 모든 획득한 것 이상에 위치하고 있다면, 예를 들어 내가 받은 교육과 학습의 전부를 넘어선 것이라면, '제로'는 이미 좀더 플러스된 상태에 있는 것일 수 있다. 그러므로 건망증이나 사고, 뇌적인 사고이든 혹은 다른 쪽의 사고이든, 이런 것들은 내가 읽고 쓰고 걷고 말하고 먹는 것 등을 다시 배우고 있다는 이유로 내게 '나는 제로에서부터 다시 시작한다'라는 말을 할 수 있도록 해주고 있다. 이런 유형의 사고까지는 아니더라도 나는 수많은 여러 상황에 의해 나라와 언어·기후·사회·관습·삶의 방식, 그리고 주위 환경을 바꿀 수 있다.

제로가 부정적인 측면을 나타낼 수 있다면, 우리는 제로가 구성하고 있는 균형점과 기준점을 잊지 말아야 한다. 그리고 여기에 '공백' 상태로서 제로가 할 수 있는 사용 가능성과 영향을 망각하면 안 된다.

▶ 용어 '제로'에 중심을 두고 있음에도 불구하고, 이 표현은 또한 동사 '다시 시작하다'와 함께 이루어져 있다. 그러므로 이번에는 동사를 검토해 보자.

출발하다. 그것은… 머물러 있는 것이 아니다!——<u>여기서는 부정된 반대 용어를 통해 의미를 탐구해 보자</u>—— '이동한다'와 '몸을 움직인다.' 이것들은 느슨한 흐름과 관련되어 있지만, 그래도 이들은 움직인다는 역동성을 암시하고 있다. 그런데 여기서는 다시 시작하는 것, 즉 새로 시작하는 것이 중요하다. 이 표현의 전체적인 흐름은 반복되는 습관적인 사고보다는 쇄신된 사고를 더 선호해 의미를 부여하고 있는 듯하다. 다시 말해 차이와 동일한 면을 가지고, 즉 '제로' 상태에서 다시 새로이 시작한다는 의미를 부여하고 있는 것 같다. 실제로도 출발한다는 것이 어떤 상태, 어떤 장소를 떠나는 것이라면, '제로에서부터 다시 시작한다'는 말은 아직 좀더 복잡하다. 우리는 이미 한 번은 출발을 했고 그로 인해 무언가를 구축하고 획득했는데, 종국에는 모든 것을 잃어버려서 마치 지워진 것처럼 곧 또다시 출발하게 될 똑같은 출발점에 다시 서 있게 되는 것이다.

약간은 어려운 듯한 이런 진술은 표현이 지니고 있는 의미에서 **이동**의 개념을 드러내 보이고 있다. 즉 손실, 파괴, 삭제 혹은 소멸과 구성, 획득하고 영향력을 행사하며 발명하는 과정 사이에 **일종**

의 왕래가 일어나도록 해주고 있다. 그 속에서 '흔적을 남기는 것' 과 '자신의 존재를 새기는 것'은 중요하다.

함의 탐구

'제로에서부터 다시 시작하다'라는 말의 전체적인 윤곽은 암암 리에 잘 드러나 있으므로, 지금부터는 이런 친숙한 표현이 지니고 있는 깊이 있는 의미들을 끄집어 내어야 한다.

▶ 사실 이 표현은 **인간의 생활 방식을 하나의 코스로 인식하는** 방식에 근거를 두고 있는 듯하다. 그러니까 우선은 사람들이 만들 었거나, 혹은 만들기는 했으나 그래도 '무(無)'의 상태로 줄일 수 도 있는 그런 것들로 치장된 코스이다. 그런 다음에는 **뒤로 되돌아** 갈 수 있어 보이는 코스이다.

그러므로 인간의 생활에 대한 어떤 개념은 바로 여기에서 윤곽 이 잡혀진다. 우리가 얻고 발전시키고 구축한 것은 역의 플랫폼에 내버려진 짐들과 유사한 것처럼 생각되거나, 또는 헝겊으로 슬쩍 지우는 칠판에 쓰인 백묵 글씨들과 유사해 보이기도 한다. 그리고 사람들은 한 나라를 누비고 다니듯이 생활 방식을 답파하고 있으 므로, 인간은 길과 방향을 바꾸거나 혹은 자신의 출발점으로 되돌 아가기도 하면서 왕래를 하고 있다.

▶ 좀더 깊이 생각해 보자. 가장 깊숙한 곳에 **인간 생활에 대한** 모든 '철학'이 있지 않을까? 실제로 이러한 해석은 **사물과 존재**, 그리고 가장 견고하고 고정적이고 확실해 보이는 **상황들**이 지니고 있는 **불확실함**에 대해 인간이 느끼는 인식, 즉 일시적이고 깨지기

쉬운 이것들의 특성을 강조하고 있다. 그로 인해 우리는 가장 효율적이면서 가장 쓸모 있는 모든 '최초의 장비들'을 사용하고 있으므로, 인간의 조건과 동물의 조건을 비교할 때 인간의 조건에 맞는 검토가 있어야 한다는 생각이 갑작스럽게 떠오른다. 동시에 이와 똑같은 인식은 이 모든 현실 세계에 대해 인간에게 어떤 **독립성**을 부여해 준다. 이 현실 세계는 아무리 기본적인 것들일지라도 인간과 떨어질 수 있는 것들이다. 그가 '제로에' 있는 건가? 그런 것은 아무래도 좋다! 그는 곧 '다시 출발할' 테니까. 단지 죽은 자만이 그를 이길 수 있을 것이다. 특히 계획, 자기 초월과 초연, 행위, 이런 것들은 **인간이 가진 특별한 자유**를 주장하는 하나의 수단이 아닐까?

▶ **바로 거기에서 모든 철학적인 문제 제기가 나타난다.**

'제로에서부터 다시 시작한다'는 바에 대해 말하는 것, 그것은 '제로'라는 용어 이면에 정확히 무엇을 가리키고 있는가? 그것은 진짜 제로인가? 무엇과 관련해서? 엄밀히 말해 그 표현은 진정 의미를 지니고 있는 걸까? 왜냐하면 우리가 다시 출발한다면, 그것은 곧 이미 무언가가 있었다는 말이 되기 때문이다. 그러면 그것은 제로가 아니지 않은가! 아니면 완전히 파괴된 것일까? 과연 '과거를 백지화'할 수 있을까? 우리는 공간 속에 존재하고 있으므로 시간 속에 존재하는 것일까? 벗어 버릴 수 있는 심플한 망토처럼 우리는 '문명의 옷을 입고' 있는 건가? 그리고 그런 상태에서도 또한 '제로에서부터 다시 시작할' 수 있을까? (소설·만화 그리고 지상의 어떤 재앙 속에서도 유일하게 살아난 커플과 몇몇 인간들을 상상하고 있는 SF 영화를 참조하라.) 중압감은 무엇이며, 과거에 대해 문화에 대해 우리의 마음속에 남아 있는 정확한 표시는 어떤 것인가?

어떤 결정에 등록되어 있는 것을 아무것도 지울 수 없다는 것은 자율성과 독립성을 마음대로 사용할 수 없다는 뜻인가? 마지막으로 초연과 박탈 그리고 자유에 대한 개념들은 어떻게 연결되는가?

스쳐간 사고들

▶ 첫번째 단계는 표현이 극도의 비논리를 펼치거나 과오를 범하고 있기에, 이런 점에서는 그 사용이 조금도 정당화될 수 없을 것이라는 바를 보여 줄 정도로 **최소한의 의미만을 지닌 상태로 표현할 수** 있을 것 같다.

우리는 살면서 분명 굉장히 많이 여러 방식으로 '다시 시작하고 있다.' 그러나 결코 '제로에서'는 아니다. (기억의 실체를 보라.) 가장 물리적인 소멸들——즉 최초의 영양 상태로 되돌아가는 인상을 주는 혼수 상태라든가, 획득된 어떤 제스처의 소멸을 야기시키는 상처들——조차도 결코 실질적인 회고는 아니다. 재교육이나 치유는 상실했던 것을 회복시키기 위해 '제로에서부터 시작되지' 않았다. 그러나 생각하며 살아 있는 존재의 총체는 **다르게 재조직되어** 새로운 연결을 하고, **새로운 행동을 만들고 있다.** 여기서 우리는 정상적인 상태와 비정상적인 상태에 대한 조르주 캉길렘의 분석을 생각해 볼 필요가 있다.

▶ 두번째 단계는 우리 모두가 보통 이 표현을 사용하면서 이해하고 있는 것을, 달리 말해 표현이 지닌 **비유적인 의미를** 강조할 수 있을 것이다.

초반에는 또 다른 많은 기초 자료들과 다른 기준들 및 다른 지표들이 고려되어야 한다는 의미에서 인생에서의 새로운 출발에 대한 생각을 의미하는 것과 관련 있다고 강조하는 것 같다. 그러나 그외의 나머지 것들은 정말로 망각되지 않았다는 것을 잘 알고 있으므로, 이런 새로운 경험들을 더 잘 하기 위해 그것으로부터 '교훈을 얻어낼' 수도 있다고 강조할 수 있을 것이다. 그러므로 '제로에서부터 다시 시작한다'는 것은 뒤로, 찾을 수 없는 제로 상태에 있다는 것조차 이해하지 못하면서 뒤로 되돌아가는 것은 아닐 것이다. 새로운 출발점으로 환원된 새로운 방향이 아닌, 자신의 일생에 획을 긋는 새로운 기준과 새로운 관점으로 이미 형성된 새로운 방향을 취하는 인생을 지칭할 것이다.

후반에는 인간 생활에 대한 그와 같은 해석이 함축하고 있는 철학적 의미를 전개하려 애쓸 것이다. (좀더 위를 보라.)

따라서 사고의 **세번째** 단계에서는 그런 **개념이 어떻게 구축되는**지를 검토할 것이다. 헤겔이나 사르트르 그리고 많은 철학자들의 저서에서 발견할 수 있는 자유와 인식에 대한 분석들에 중점을 두고 이루어지는 사고는, 구체적이고 분명한 상황 **속에서** 그리고 그런 상황을 **통해서**(가족, 사회 계층, 문명, 한 시대, 어떤 언어, 장소, 기후, 어떤 건강 등) **그런 상황에 귀착되지 않은** 채 인간 생활이 이루어지고 있음을 보여 주는 것 같다. 반대로 사고는 관점에 따라 그런 구체적인 상황들을 예상하고 생각하면서 그것들을 초월하고 있다. 인간은 현실 세계를 해석한다. 이처럼 인간은 살아가면서 의미를 부여하는 자율적인 능력을 쉽게 발휘한다. 따라서 모든 인간 생활의 위대함과 그 비극적 측면을 이루고 있는 것에 대한 표현 그 자체인 박탈과 초연 —— '제로' —— 과 **자유** —— '다시 시작하기' —— 와의 관계를 구축하기 위해, 어떤 유형의 초연이 작동하고 있는지를 명백히 할 수 있을 것이다——후설은 그것들을 지향성이라고, 사르트르는 거리주기 또는 '무화(無化)'라고 하였다.

3. '그것은 나보다 더 강하다!'

용어 분석

▶ 이 표현은 아주 자연스럽게 튀어나올 정도로 명백한 문장이기에, 그 누구도 문제를 제기할 생각을 못할 것이다.

사실 우리는 우리가 행했거나 말했던 것 이상의 책임은 없다고 말하고 싶어한다. 물론 말을 했거나 행동을 했던 주체는 나이다. 그러나 동시에 그것은 내가 아니다. 이건 무슨 뜻인가? 말하거나 행동을 하던 그 순간의 나는 나 자신의 유령일 뿐이라는 소리인가? 어떤 종류의 '분신'이 내 안에서 말하고 행동하고 있다고! 더구나 나도 모르는 사이에! 내가 '피해를 복구해야만' 하니까! 충분히 침입자를 지적할 수 있고, 모든 것이 정상화되었기에 어렵지 않게 수습할 수 있었음을 인정하자. 그렇습니다. 당신은 아닙니다. 그러나 호기심이 많아 꼬치꼬치 캐묻기를 좋아하는 자는 분명 다음과 같이 질문할 것이다. '어째서 당신은 침입자라고 명명해 말합니까?'라고…. '그것'은 분명 막연한 지시어이다. 따라서 우리는 어떤 함축적인 의미를 알기 위해 그것이 근거가 있든 없든, 우리가 부정하고 있는 어떤 함축적인 의미를 알기 위해 호기심을 가질 필요가 있다. 이 표현 속에 분명하게 드러난 의미들을 면밀히 점검해 보도록 하자.

▶ 우리가 '무언가를 위해' 그곳에 있었다는 것을 부인함으로써,

우리는 '분신'에 대한 심리적인 측면을 언급하는 데 그치지 않고 정신적으로도 해방되기를 바라고 있다. 다시 말해 우리는 이런 행위와 말에 대해 책임지지 않을 것이다. 그것은——이런 명증은 '세상에서 혜택받은 것'이기 때문에——모든 사람들이 동의하는 것이다. 그러나 호기심 많은 사람은 다음과 같은 의문으로 재시도할 것이다. "무엇에 근거해서 자신의 말과 행위에 책임지기를 거부하는가?" 그러면 우리는 "그러니까 '그것'은 나보다 더 강하기 때문이야!"라고 중얼거릴 것이다. 이런 대답은 분명 명확한 판별을 하고 실질적인 설명을 해주는 경우에만 만족스러운 대답이 될 수 있다.

따라서 우리는 명증에 대한 확고한 평정을 명백히 드러내야만 한다. 어찌됐건 이런 몇몇 질문들은 이미 명증에 대한 확고한 평정을 주었다.

▶ 표현에 접근하는 어떤 관점에 입각해 '그것이' 당연하게도 관심의 대상이 된다면, 그에 대한 연구는 필연적으로 이루어져야 한다. 진술의 중심축은 무엇을 나타내고 있는가?

<u>그러므로 우리는 문장에서부터 확인 작업을 시작해 보자.</u>

대칭부터 시작해 보자. 한쪽에 '그것(C´)'이 있고 다른 한쪽엔 '나(moi)'가 있으며, 가운데에는 힘의 개념이 있다. 한 사람이 다른 사람을 제압하는 '팔씨름' 시합처럼 문장 전체는 지배 관계를 나타내고 있다. 여기서 패자는 '나'이고, 승자는 '그것'이다. 중심 인물과는 완전히 다른 얼굴에 주목하자. 하나는 분명 인칭('나'는 인칭 대명사이다)이지만, 또 다른 하나는 막연한 비인칭어이다. 그런데 후자가 나보다 더 강하다고 한다. 그렇다면 거기에는 어떤 비인칭적인 힘이 나와 맞서서 우세하게 작용하고 있는 것일까? 한 사람, 아니면 여러 사람이? 아니 그것을 인칭으로 생각하기가 망설여진

다. 그렇다면 어떤 신성한 힘이, 특히 비인칭적인 힘이 작용하고 있는 것일까? (그것은 가장 널리 보급된 신에 대한 개념들 중에서 몇 개를 배제하고 있다.) 그럴 수 있다. 그러나 신경이 쓰이는 것은 신성한 힘이 우리에게——일반적으로 '낙오자들'에게——말하거나 또는 행하게 할 수 있는 것으로, 완벽에 대한 신성한 개념에 조금도 부합하지 않는 것이다.

생각해 보면 '그것'은 '높은 곳에서부터' 오는 것처럼 보이기보다는 깊숙한 곳에서부터 나오는 것 같다. 그렇다면 대부분의 시간 동안 '덮고' 있었기 때문에, '깊고' 은밀하고 어둡게 감춰진 것은 무엇인가? 감춰진 것, 그것은 우리의 신체이다. 인간 사회에서 장식용 그림이나 의상을 걸치고 있는 우리의 신체는 결코 있는 그대로의 상태는 아니다. 은밀하고 감춰진 것은 아마도 신체 내부의 긴장이나 움직임같이 드러나지 않는 것일 터이다. 또 사고나 감정이 그 자체로는 물리적인 실체를 가지지 않기 때문에 영혼으로부터 드러나지 않는 것일 터이다. 달리 말해 **여기서 우리는 본능적인 힘, 정열, 그리고 가장 무의식적인 충동을 무질서하게 가리키고 있다.** 본성, 아니면 인간의 본성, 혹은 둘 모두일 것이다. 내가 '역량이 부족하다'는 것은 그리 놀라운 일은 아니다. 그러므로 내가 타인의 관용을 받게 될 것이라는 바 또한 놀라운 일은 아니다.

첫번째 분석의 결과는 사고되어져야만 한다. 다시 말해 사고의 대상이 되어야 할 것이다.

함의 탐구

내가 진짜 장본인이 아니라면, 나는 여러 가지 면에서 관련되어 있지 않다. 여기서 나는 '~에 복종하는' 의미에서 복종하는 주체이다. 말을 하고 행동을 했던 것도 물론 나이다. 그러나 나의 의지가 자유로이 발현되는 속에서 그렇게 할 것을 결정한 것은 내가 아니다. '다른 것'이 우세했다. 그러나 만약 그것이 본성이라면, 특히 인간의 본성이라면, '다른 것'은 내게 다음의 문장만큼이나 그리 낯설지 않다고 말한다. 나의 실존은 본성과 별개의 것은 아니지만 그러나 그것의 일부를 이루고 있다. 그럼에도 불구하고 이런 경향이 오래 지속된다면, 그것은 바로 내가 이런 충동과 사고 및 행동 속에서 나 자신을 인식하지 못하고 있기 때문이다. 내가 주체가 되어 내릴 결정과 명백한 의식에 의해 나 스스로가 그런 것들을 만들지 않았기 때문에, 내게는 그런 것들이 **내 것**처럼 보여지지 않는 듯하다. 따라서 여기서는 의식과 의지가 나의 정체성의 장을 이루고 있다고 생각된다. 비록 다른 사람들이 생각하고 있는 나에 대한 이미지나 교육에 순응하고 있다 할지라도, 내가 '중요한 것이다'라고 여기고 있는 한 그것은 내 것이다. 그러므로 '나'의 타입이 아닌 모든 태도는 나로 하여금 '그것이 나보다 더 강하다'라고 말을 하도록 한다. 다시 말해 그것은 분명 '나의 힘이 미치지 않는 곳에' 있을 것이다.

만약 심리학적으로 우리를 혼란스럽게 하는 모든 것에 대한 책임을 '다른 사람'에게 전가하려고, 우리에게 도움이 되는 것만을 특별히 유지할 수 있으며 그리고 그 속에서 실행할 수 있는 모든 분류를 인식하고 있다면, 그 현상은 '자기 자신과의 작은 정리'가 이루어지는 하나뿐인 영역의 한계를 벗어나는 일만 남게 된다.

분명 어떤 주어진 순간에 세상과 인간에 대한 모든 개념은 서구 문화를 대신해 모습을 드러내고 있다. 고대 그리스 시대 때부터 생각하고 있는 정신과 물질의 이중성은 또 다른 영향에 비추어 볼 때, 순수한 물질적 실체인 본질에 맞서는 이성과 영혼을 지닌 자로서의 인간을 더욱 가치롭게 해줄 것이다. 이중성이 나타내고 있는 그것의 이치는 **보다 우월한 주체적인 지능**을 지닌 인간을 만들어 준다. (플라톤에서 데카르트를 거쳐 볼테르까지 참조하라….) 신이 세상을 지배하고 있는 것과 마찬가지로, 인간이 지닌 이성은 개인적인 것만큼이나 사회적으로도 인간 그 자체를 바로잡아야 한다. 인간의 거처를 만들려고 인간의 환경을 지배하는 것, 말과 수단 그리고 행동 모두를 통제하는 것, 그것은 본능적이고 세련되지 않은 자연스러운 것에 대항해 문명을 정복하는 일이다. (L. 멜슨의 《야생 어린이들》이라는 제목으로 발간되고, 이타르 박사의 보고서로부터 발췌해 만든 F. 트리포의 영화 《야생의 아이》를 이런 관점으로 살펴보라.) 자연 속에 내재되어 있는 무질서를 극복한다는 것은 매순간 주의를 필요로 한다. 그러나 주의력은 떨어지고, '자연은 제 권리를 되찾는다.' 다시 말해 '죄송합니다만 그것이 나보다 더 강합니다!'라는 것이다. 그러므로 여기서는 자연과 문화에 대한 연구와 관련되어 있는 모든 것을 전개해야 할 것이다.

마찬가지로 정신적 주체와 관련한 모든 사고가 완성됨을 주목하는 것이 좋을 터이다. 자유롭기 때문에 책임이 따르고, 의식적이고 심사숙고한 것이기에 자유로운 정신적 주체자의 의지는 자신의 결정을 구현할 수 있고, 자신의 행동 방향을 설정할 수 있으며, 그러한 과정을 창조하거나 과정의 방향을 바꿀 수 있다. 그러므로 자신의 의지를 가지고 의식적으로 자유로이 실행하는 데 선이나 악이 관련되어 있다면 주체는 책임을 져야 한다. 반면에 자신도 모르는 사이에, 그리고 자신의 의지에 대항해서 자율성 통제를 박탈당한 것처럼 보인다면 **그는 희생자인 것이다.** '그것이 그보다 더 강하고,' 그는 자신에게 유리하게 작용하는 힘과 더 이상 연관이 없기 때문이다!

그러나 우리는 연민을 느낄 수 없도록 하는 교활한 술책에 주목해야 할 것이다. 그것이 그보다 정말로 더 강하다면, 이는 그가 경계심을 낮추었기 때문이다. 일시적인 것이라면 용서할 수 있다! 그러나 이것이 하나의 습관이 되어 버린다면 용서할 수 없을 것이다!

그러므로 이중성은 중성과는 거리가 있다고 본다. 이중성은 긍정적인 가치와 부정적인 가치간의 분수령이 되는 곳을 나타내기 때문이다. 이에 너무도 친숙한 이런 표현에 대한 분석을 하면서부터 모든 철학적인 개념들은 밝혀지고 있다. 철학적 관습에 대한 다양한 사고 속에는, 본성과 '접촉하는' 인간의 이런 모습이 지배적으로 나타나고 있다.

스쳐간 사고들

아주 하찮아 보였던 말도 분석해 보면 철학적으로 함축하고 있는 의미들이 드러난다. 그 의미를 찾아내는 데 만족하지 않고, 철학적으로 함축하고 있는 의미에 대한 설명과 비평을 해야 할 것이다.

▶ 예를 들어 니체와 프로이트의 측면을 잊지 **않고 비평할 것이다**. 아마 여기서는 니체 철학의 비평 속에서 두 가지 특징이 심화될 것이다. 하나는 본성을 지배하는 자를 제외한다 할지라도 화자, 즉 경쟁자가 가지고 있는 인간적인 바람에 대한 고발이다. 그러므로 '그것은 나보다 더 강하다!' 라고 말함으로써 입증되어 버린 '일탈' 조차도 인간이 지닌 거만함과 나르시시즘, 상당한 자기 만족을 표현하고 있다. 또 다른 하나는 매우 안정되어 위치를 정할 수 있는 본질들, 즉 경탄이나 혐오의 대상, 선 아니면 악의 대상들이 생성되는 인간의 마음속에 있는 욕구에 대한 비판이다. 그 대상들은

회유와 강압처럼, '자신만의 세계를 얻고 자신만의 의지를 감히 바라기보다는' 완벽하게 생활 방식을 구성하고 정당화해 견고히 하고 있다.(니체, 《차라투스트라는 이렇게 말했다》) 프로이트의 저서를 보면 모든 환상적 바람이 일어나는 장인, 의식의 우월성에 대한 고발도, 즉 '자아는 마음속의 지배자가 아니다' 라는 주장도 본능이나 고전의 열정보다 더 복잡한 '그것'을 고려할 필요가 있을 것이다. 분명하게 말로 표현할 수 없기 때문에 '그것' 은 심리학적인 면에서, 즉 생사에 대한 욕구를 생각해야 한다. 여기에 '초자아' '이상적인 자아' 그리고 '자아에 대한 이상' 이 더해질 것이다.

▶ 두번째로 스쳐간 사고는 비평의 차원에서 이루어질 수 있을 것이다. 사실 인간은 본성에 무너지거나——니체는 이런 면에서 모호하다——본성과 문화에 대한 상반된 욕구가 일어나는 장소로 생각되고 있다. 인간은 자신이 상당 부분 중재하지 못한 대립으로 압도당하고 있다. 실제로 내 마음속에 어떻게 일종의 또 다른 '자아' 가 있다고 가정할 수 있는가?(프로이트, 《정신분석학에 대하여》) 사르트르는 다음과 같은 지적을 했다. 주체자의 영역 밖에 무의식 세계가 있다고 가정하기보다는 어떤 똑같은 주체가 심리적인 현상들을 체험하며, 그리고 그 현상들을 체험토록 하면서부터 심리적인 현상들은 서로 어떤 이유에서 아주 견고한 관계를 가지게 될 수 있을 것인가? 주체자가 다양한 심리적 현상들이 서로 유기적으로 구성되고 활동하는 핵심을 이루며, 주체자가 그 현상들을 체험한 것으로 밝혀진다면, 그 용어의 완성된 의미를 이해하지 못한 채 그 지식이 주체가 체험한 모든 심리적인 현실과 동일한 외연을 가지고 있는 경우, 인식의 문제는 거듭 다시 생각해 볼 필요가 있다. 그러므로 이중성은 인식의 현상 자체라고 밝히는 것이 바람직할 것

이다. 모든 의식(후설에 따르면 '지향성')은 '인식' 하고 있으므로, 의식한 것을 의식과 직면하고 있는 '대상'으로 제시하고 있다. 그러므로 생각 없이 즉각적으로 반응하는 말과 제스처가 나의 의식을 거쳐 '생각되어' 진다면, 동시에 나의 의식은 어떤 기준에 맞춰서 그것들을 평가할 것이다. 그 기준은 본능적인 행위를 자극할 수 있었던 것들과는 사뭇 다른 기준이다. 그런데 그것을 의식함으로써 발생된 차이는, 내가 초기의 동기를 재인식하기는커녕 **무시**하고 거부하기 위해 행한 행동의 가능성을 분명히 형성하고 있다. 그러므로 나는 '미안해, 그가 나보다 더 강했거든!' 이라고 말한다. 프로이트의 무의식 세계에 대한 분석에 대체시키고자 한 그 유명한 사르트르 철학의 악의에 대한 분석이 바로 여기서 개입될 것이다.

▶ 마지막으로는 새로워진 의식의 개념을 인칭에 대한 개념으로 이동시킬 수 있는 가능한 조건들을 연구해야 한다고 생각할 수 있을 것이다. 건물은 촘촘히 응고된 '물질들'의 축적으로 이루어진 것이라는 식의 해석이 아니라, 의미를 주는 끝없는 행위로 건축되었다는 식으로 인칭의 개념을 해석하고 있다.(제Ⅲ부의 1장, 〈방법론적 분석〉, 130쪽) 그러므로 우리는 '그것은 나보다 더 강해!' 라고 말함으로써 인칭을 **부정**하고 있음을 보여 줄 것이다. 인칭은 또 다른 간청 앞에서 사라지며, 그 간청들을 나의 인칭을 대신하는 완전한 행동가로 만들고 있다. 특히 존재하지 않으려 애쓰는 기술은, 즉 결정함(충동·교육·타인 등)에 있어 수동적인 것은 내가 재인식하지 못하고 있다는 것이다.

따라서 '그것은 나보다 더 강해!' 라고 말하면서 내가 거부한 것은 풍부하면서 상반되는 나의 다양성 —— 즉 나의 모호성 —— 과 좀더 나아가 나의 인칭, 즉 '어려운 자유'를 지닌 상태의 나의 생활 방식이다.

4. ‘그것은 내 권리야!’

용어 분석

감탄사적으로 자주 내뱉어지는 이런 주장은 때때로 무언가를 요구하기도 한다. 그렇다면 우리가 이 주장에 대해 가지게 되는 즉각적인 이해의 측면을 넘어서 이 표현은 정확히 무엇을 의미하고 있는가? 이 표현이 함축하고 있는 의미는 무엇인가?

▶ 감탄문을 자세히 살펴보면, 의심의 여지없이 ‘권리(droit)’라는 용어가 단번에 ‘법(loi)’과 ‘규칙(règle)’이라는 용어를 상기시키며 지배하고 있음을 알 수 있다. 법과 규칙이 사회 현상에 속해 있다 할지라도, 그러나 그것은 법과 규범의 절대적 영역은 아니다. 여기서 ‘그것은 내 권리야!’라는 표현은 모든 시민을 위해 법률로 제정된 공식적이며 문서화된 실정법과 연관이 있을 수 있으며, 마찬가지로 각자가 ‘자신의 영혼과 의식 속에서’ 느끼고 있는 도덕적인 권리와 관련이 있을 수 있다.

그러므로 처음에는 ‘규칙을 잘 지키고 있다’는 생각이 든다. 위반하지 않았을 뿐만 아니라, 완전히 그럴 ‘권한이 있는’ 상태에 있다고 생각된다. 그러나 경우에 따라 법적·도덕적 관점, 즉 이중적인 관점으로 ‘그것은 내 권리야!’라고 주장할 때는 누군가가 그런 권리에 대해 내게 이의를 제기하려 할 때이거나, 그렇지 않으면 그런 나의 권리를 이미 인정해 주지 않고 있다는 의심을 하게 될 때이다.

'권리'라는 용어는 우리가 방금 살펴보았던 의미의 정확성 외에도 약간의 주의를 요한다. 실제로 '그것은 내 권리야!'라고 말한다는 것은 한편으로는 내가 가진 권리를, 즉 내게 주어진 것이라고 나 자신이 평가한 것, 정당한 내 것을 가리킬 수 있다. 반면에 또 다른 한편으로는 내게 금지되지 않은 것, 다시 말해 내가 할 수 있도록 허가받은 것을 가리킬 수도 있다. '18세가 되면 이 나라의 시민으로서 나는 투표할 권리가 있다'라고 말하는 것은, 곧 여기서 두 가지 측면으로 가치가 있다. 시민으로서 이런 형식의 표현은 당연히 받아야 하는 것이며, 그리고 동시에 그것은 내가 그것을 행사하기 위해 허가받은 하나의 행위이기도 하다. 그리고 하나의 의무 —— '나는 해야만 한다' —— 를 표현하기도 하는 그 권리, 즉 내가 가진 투표권은 또한 시민의 권리인 것이다. 반면에 '18세, 주머니 속에 들어 있는 운전면허증, 그것은 내가 운전을 해도 된다는 권리이다'라고 말하는 것, 그것은 곧 당연히 받아야 하는 것은 아니지만, 그렇다고 내게 금지된 것도 아니라는 의미이다.

▶ '권리'라는 용어의 측면에서 이런 차이가 발생되는데, 그렇다면 왜 '나의' 권리라고 주장하는가? 여기서 소유 인칭대명사 '나의'는 무엇을 가리키는가?

그 권리가 개인적인 문제는 아니라는 의미로 상반되는 것은 없는 것일까? 내 권리가 너의 권리는 아니며 그것이 또한 그의 권리가 아닐 경우, 권리라고 가치를 부여한 것이 대중적인 특성을 가지고 있지 않다면 권리에 대해 말할 수 있을까? 각자가 자신의 것이라 인정하고 있으며, 자신이 행한 것을 실존하는 것처럼 여기고 있다. 그것이 전부다.

내가 '그것은 내 권리야!' 라고 말할 때, 이건 받을 만하고 또는 저건 행사할 권리가 있다고 생각될 때, 그것은 내가 가지고 있는 개인적인 능력을, 즉 허가 없이도 내가 행사할 수 있는 자유를 가리키는 것 같다. 또는 내가 참고하고 있는 유효한 권리에 일치하는 것 같다.

그러므로 마지막 경우에 '나의 권리'는 구축된 권리와 충돌하지 않는다. 반대로 나는 구체적인 측면의 권리를 주장하고 있을 뿐이다. 다시 말해 인칭의 측면에서, 나라는 인칭의 측면에서 그 적용을 요구하고 있을 뿐이다. 반면 내가 '받을 권리가 있다'고 생각하거나 그런 자유를 허가 없이 가지고 있다면, '나의 권리'는 공개적으로 선포된 권리와 상반되는 것일 수도 있다.

함의 탐구 및 스쳐간 사고들

'그것은 내 권리야!' 라는 주장에 내재되어 있는 문제가 드러난다. 사실 내가 확립되어 있는 권리와 대립되는 경우, 나는 '나의 것'인 또 다른 권리를 어떻게 행사할 수 있는가? 권리 가치는 무슨 연유로 나의 가치가 법규의 가치보다 우월하다고 주장할 수 있을 정도로 시행중인 법규의 가치보다 우월한가? 모든 공공 단체를 통제하는 법에 맞서 '나의 권리'는 얼마만큼 중요한가? 그리고 거의 모든 것에 대항해 '그것은 내 권리야!' 라는 외침이 마음속에서 일어나는 것은 무슨 까닭일까? 깊숙한 내면의 진리와 욕구의 감정은 어디서 기인하는 것 같은가? 그런 감정은 정당한 것인가?

▶ 첫번째 관점은 '내 권리' 라고 생각했던 것을 요구하도록 나를 부추겨 준 것에 대한 본질적 특성을 주장하고 있는 대답들을 재구

성할 수 있을 것이다. **우리 마음속의 본성**은 우리들 존재의 현실 세계 자체가 완성되기를 **요구하고 있다.** 그리고 사회는 또 다른 필요성에 의해 현실 세계를 잊고 무시하거나, 또는 일부러 모르는 체할 수 있다. 그것을 '권리'라고 주장하는 것, 그것은 현실 세계가 근본적인 것이며 협약에 속해 있는 임의적인 또 다른 요구보다 선행되어져야만 함을 상기시켜 주는 것이다. 그렇다면 현실 세계는 무엇인가?

삶에, 즉 삶을 가능케 하고 성숙하게 해주는 모든 것과 관련된 최소한의 요구 사항들에서부터 간단히 시작해 보자. 예를 들면 허기와 갈증·추위가 나를 위협해 나의 건강을 해치고 파괴한다면, 나의 존재는 격분하며 반항을 하게 된다. 따라서 살아 있는 내게 생명을 요구하는 나의 삶 그 자체가 하나의 권리로 여겨진다.

그러나 인간의 자연 발생적 욕구는 여기서 만족하지 않는다. 인간 존재로서 산다는 것은 또한 가족을 형성하고 교육을 받고, 배우고 일하며 자기만의 생활 방식을 일구는 것이기 때문이다. 그래서 《안티고네》(소포클레스의 희곡)는 '반역자'로서 죽은 자기 오빠를 위해 묘지를 쓸 권리를 요구할 때, 국가의 법에 법이나 관습같이 모든 결정을 초월하는 인간의 본질적 권리를 대비시켰다. 법규들이 어떤 이치에 속해 있든, 이 법규들은 인간의 본질적 욕구를 담고 있는 인간의 보편적 본질에 맞서 대항하는 협약은 절대로 아닐 것이다. 본능을 연상시키는 힘이 부과되기 때문이다. 그러므로 이런 관점에서 표현 속에 내재되어 있는 정의는, 즉 사람들이 처음에는 확인하지 못했지만 표현이 가리키고 있던 정당성은 자연법의 철학적 개념 속에 속하는 것 같다. 고대의 관념처럼, 그리고 현재의 몇몇 생태학적인 방식에서처럼 '자연'과 연관이 있는 것을 따르는 것은 중요하기 때문이다. 마찬가지로 루소와 '계몽주의 시대'의 또 다른 사상가들처럼, '나의 권리'는 그들을 위해서 그 근원과 본질을 나의 인간적 본성 속에서 찾아내고 있기 때문이다.

그러므로 '그것은 내 권리야!'라는 표현이 내 존재의 가장 근본을 이루고 있는 것에 속해 있음을 긍정하라. 인습적인 임의성 이쪽에서 나의 내재적 본질은 당연히 받아야 하는 것을 요구하고 있으며, 그리고 그것은 표현에 요구 성향의 특성과 진리의 특징을 부여하는 것 같기 때문이다. 또한 그것은 '자연법'이라 생각해 자신의 모든 권한을 부여할 것이다. 타인의 권리에 맞서서 오직 나만을 생각하게 될 나의 권리, 즉 언제나 인간들에게 비롯되어 나오는 나의 권리를 행사하는 일은 사실 중요치 않다. 그러나 본질 그 자체를 내세우면서 사람들은 모든 협약 위에, 정말 필요할 때 결정을 내리는 인간들 바로 위에 실존하고 있다.

▶ 두번째 관점은 그러한 증명을 하는 데 있어 발생되는 어려움을 끄집어 낼 수 있을 것이다. 좀더 가까운 주위를 살펴보면 본질은 '좋은 구실이 되며,' 또한 사람들이 기억하게 되는 것과 신경 쓰게 될 개념에 의해 바라는 것 모두를 거의 입증할 수 있는 것으로 생각된다. 그렇다면 좀더 근본적으로 본성과 권리는 같은 이치에 속하는가?

● 첫번째 단계에서 삶의 욕구 자체에 깊이 뿌리내려 있는 '내 권리'에 대한 질문을 다시 검토하면, 가장 검소한 인생 모두는 가장 허약하거나 가장 흉악한 인생처럼 가치의 실재를 숨기고 있다는 생각만은 분명하다. 어떤 면에서? 누구에 의해서? 만약 본성이 자신의 창조적인 원동력을 위해 가장 성능이 좋은 것들만을 유지하고 결점과 잘못 형성된 것들을 제거해 버린다면(다윈에 따르면

'자연 도태'), 그리고 본성이 분명 감탄받고 이런 이유로 참고 기준이 된다면 모든 자연적인 이유로 인해 약하거나 비정상적이거나 '열등한' 나는 살 권리를 가지지 못할 수도 있다는 말인가! 내가 본성에 만들어 줄 수 있는 가장 좋은 서비스는 사라지거나, 아니면 나를 가능한 한 아주 작게 만드는 것이란 말인가! 여기서 '내 권리'를 행사하겠다는 생각 자체를 불가능하게 만드는 그런 개념은 진화론적 의미를 지닌 다원설이 절대 아니다.

● 두번째 단계에서는 내가 '나의 권리'라고 생각한 것에 명백한 절대적 권한을 주려고 본성에 의지케 한 이성적인 사유를 재검토해 보자.

이성적 사유를 하나의 권리로 여기고 있다는 사실에서부터 시작하는 것은 어떤 위험이 도사리고 있음을 유의하자. 개개인은 자연스럽게 하나의 권리처럼 행사하는 힘을 가지고 있지 않던가? 그러니 요구 사항을 검토해 보자. 무슨 말을 할 수 있을까?

"나는 이것이나 저것을 행할 능력이 있기 때문에, 그리고 그 능력은 내 것이고 '내 소유'이기 때문에, '나의' 권리라는 의미에서 나는 그것을 행할 권리가 있다. 따라서 '사람들은'(다른 사람들, 사회) 내게서 그것을 빼앗아 갈 권리가 없다. 그 능력은 자연이 내게 준 것이니까!" 예를 들어 모체는 자신의 아이이기 때문에 그 아이에게 필요한 것을 해주는 것이 자신의 권리라고 믿고 있다. 그러므로 모체는 법이 자신에게서 그런 권리를 빼앗아 가는 것을 이해하지 못한다.

그러나 만약 내 권리가 타고난 능력에 따라 달라진다면, 무엇 때문에 권리에 대해 말하는가? 루소의 선언 때문이다.(루소, 《사회계약론》) 또한 칼리클레스의 입장(플라톤의 《고르기아스》) 때문이다.

그의 입장에서 보면, '나의 권리'를 내세운다 함은 힘의 자연법을 수정하는 인간이 만들어 낸 법칙들을 단지 제거하기 위해서이다. 자연의 관점에서 볼 때 이는 명백한 오류이기 때문이다.

그러므로 단순한 전략적 역할을 하고 있는 '권리'란 단어는 '능력'을 허용하기 위해 사라져 버린다.

● 세번째 단계로 표현 속에 담겨져 있는 개인적인 측면을 특히 강조하면서 분석해 보도록 하자. 사실 '나의'라는 소유사는 사람들이 주목할 수 있는 나의 인격보다 앞서 있는 것이다. 가끔은 목소리 톤에서 느껴지기 때문에 의미상 망설임은 전혀 이루어지지 않는다. 나의 인격은 '나는 실존해 있는데, 당신은 그 사실을 잊고 있는 것 같군요!' 또는 '제가 먼저예요!'라고 생각하고 있기 때문이다.

의식 현상이 진행되고 있는 방식조차도 의식 현상이 주체의 주위에 있는 것처럼, 또는 주체의 정면에 있는 것처럼 여기도록 자신에서부터 시작되는 세상을 만드는 주체를 전제로 하고 있는 것이 사실이라면, 그렇다면 개개인이 자신을 세상의 중심으로 여기거나 또는 적어도 자신을 세상의 중심에 두려는 성향이 크다는 것은 '당연하다!'

그러므로 '그것은 내 권리야!'라는 표현은, 다양한 기호·욕구·감정·태도가 어떻게 나타나든지간에 그 다양성 속에서 나의 '자아'를 분명히 밝혀 주고 있다. 왜냐하면 개인은 홀로 타고나는 것이지만, 사회는 개인에서부터 시작해 다양한 방식들을 구성하면서 완전히 인위적인 것처럼 이해되기 때문이다. 따라서 그러한 관점으로 나타나는 것 가운데 하나는 다음과 같다. 가장 독단적인 이기주의에 가까워지려는 '자아'들로 인해 혼란에 빠진 표현은, 가장 강력한 궁극적인 명령이 있을 때까지 모든 것에 맞서 충격을 받게 된다. 이 경우 유지해야 하는 최소한의 권리가 없다. 혹은 18세기 스코틀랜드 경제학자이며 철학자인 애덤 스미스에 따르면, '보이지 않는 손'의 가정은 가장 이기적인 개인들의 이해 관계 활동을 이상적인 조화로 유지하고 있다. 이 경우에도 마찬가지로 권리는 더 이상 문제가 되지 않는다. 다만 개인적인 행위만이 중요할 뿐이다.

▶ 그런데 세번째 시각은 다음과 같은 사실을 증명해야 하는 임무가 생각날 것이다. 이 표현은 특히 인권 선언문을 읽음으로써 권리가 인정하게 될 자율성의 가치를 개인에게 부여해 주며, 서구 문화 상황 속에서 모든 의미를 지니고 있다. 그러나 '권리'라는 용어에서 의미 유지를 원하고 있다면 이전의 설명만으로는 만족하기가 어려울 것 같으므로, 사람들이 '그것은 내 권리야!'라고 말할 때 '그것이 무엇이든지간에 전부는 아니다'라는 것을 뜻한다고 부연 설명하면서 의미를 분명히 밝히는 편이 좋을 것 같다.

이렇게 말하는 것, 그것은 실존하는 현상을 넘어선 이상을 표현하는 것이 아니므로 사실 나는 존재하고 실존하게 될 것이라고 생각한다는 것이다. 그렇다면 이상(理想)이란 무엇인가? 우선은 내가 그것을 분명히 생각하고 있으므로 그것은 인식 속에 있지 않을까? 다르게 말해 순수하게 주어진 여건에 만족하지 않고 인간으로서 나와 관련되어 있는 것을, 즉 나의 자유를 나 자신에게 자율적으로 단호히 부여하는 내가 자리를 잡기 위해 거리를 유지하고 있다는 이유로, 그것은 인식 속에 포함되어 있지 않는 것인가?

이 경우 '나의 권리'는 인간의 본질적 측면이 제기하고 심적으로 인정받은 요구 사항이다. 그러므로 명시되고 요구된 자율성·존엄성·자유는 절대 내 것이 아니며, 그 어떤 개인의 것도 아니다. 다만 **나의 인격으로 나타난 인간성** 자체가 지니고 있는 것이다. 따라서 나의 인간성이 가치로서 강조하는 것이 중요하다면, 나는 타인에게 있는 인간성 또한 강조해야 한다. '나의 권리'는 다른 사람들의 권리를 축소시키기는커녕 오히려 그들의 것을 강조하고 있다. 존중해야 할 똑같은 인간의 존엄성이기 때문이다. 분명 루소의 저서(《사회계약론》 4장)나 칸트의 저서(《도덕형이상학기초》)의 분석들은 여기서 특히 그 진가를 발휘할 것이다.

우리들 사이에서 무의식중에 큰 소리로 말해졌다고 문득 깨달을 수도 있는 것으로 그리 중요하지 않는 외침이라 할 수 있는 이 표현은, 보여지는 외관의 단순성과는 달리 실제로는 아주 복잡한 표현이다. 실제로 그 표현은 인간과 사회에 대한 철학 개념들이 서로 연결되는 의미 조직망 속에 속해 있다. 그 의미 조직망은 심리적 사고와 연결될 뿐 아니라(사람들은 정신분석학에 의해 개정된 '억압'으로 나타난 피해들을 상기할 수 있을 것이다. 그리고 그것의 고발은 분명 우리들의 표현 —— '자아'로부터의 해방 —— 과 상관이 있다), 또한 자연·문화·의식·이성 그리고 인간의 자유에 대해 상당한 사고를 할 수 있을 정도로 도덕적 철학에 속해 있는 만큼 마찬가지로 정치철학에도 속해 있기 때문이다. 프로그램은 방대하다….

5. '내가 그것을 보았기 때문에 그건 사실이야!'

용어 분석

이런 주장은 반박의 여지가 없다. 증거가 바로 문장 속에 들어 있기 때문이다. 내가 그것을 보았으므로 이의 제기는 불가능하다. 조금의 망설임도 없이 받아들일 정도로 명백한 문장이다. 그렇다면 어떤 명증성과 관련이 있는가? 그것은 최근 분석에서… 명백하게 나타났는가?

▶ 처음 보았을 때 다음 두 가지 요소가 문장 속에 개입되어 있다. 본다는 요소와 '그건 사실이야'라고 말하는 요소. 만약 전자가 단순하게 감각 기관의 작용인 듯, 즉 시각적 실행인 듯이 보인다면 후자는 더 많은 주의를 필요로 한다. 다시 말해 '그건 사실이야'라고 말할 때 우리는 무엇을 할 수 있는가? 우리는 정신적이고 미학적이기보다는, 오히려 지적이고 논리적인 이치에 속할 수 있을 어떤 관점에 비롯해 규정짓고 있는 것 같다.

그런데 '그건 사실이야'라고 말할 때, 우리는 <u>무엇의</u> 특징을 규정짓고 있는 것인가? 우리가 본 것의 특징을 규정하고 있는가? 엄밀히 말하자면 그건 아니다. 보았다는 현상이 '그건 사실이야'라고 말하도록 해주기 때문이다. 진실을 밝히는 데 '본다'라는 시간이 논리적으로 선행되고 있다. 즉 이런 주장을 하게 된 것은 이미 보았다는 것 때문이다.

여기서 우리는 세번째 요소를 개입시킬 필요가 있다. 즉 우리가 진실의 성격을 포함하고 있다고 여기는 것——이 문장 속에서는 '그것'——을 개입시킬 필요가 있다. 그러나 그것은 무엇을 가리키는가? 이미 말했듯이 그것은 우리가 보고 있는 현실은 아니다. 우리의 시야에 비친 현실은 진실도 거짓도 아니며, 그것은 **현재 존재하는** 것으로 그 이상도 그 이하도 아니다! 그러나 누군가가(나 또는 다른 사람들이) 그것에 대해 말하는 것은 진실이 아니면 거짓이다. 다시 말해 진실의 성격은 현실 세계에 부여되는 것이 아니라 현실 세계에 **대한** 이야기에 부여되는 것이다.

따라서 '내가 그것을 보았기 때문에 그건 사실이야!'라고 말할 때, 현실 세계에 대한 진술에 관해 가치 판단을 내리는 것은 바로 나이다. 나는 있는 그대로 현실 세계에 대해 말해지는 것을 사실이라고 생각한다.

그렇다면 내가 현실 세계에 대해 고정된 이야기가 사실이라고 판단할 수 있도록 해주는 것은 무엇인가? 나는 '내가 그것을 보았기' 때문이라고 생각한다. 그건 내가 본 현실 세계와 현실 세계에 대해 이야기한 것을 비교함으로써 그 둘 사이가 일치되고 있다고 판단하기 때문이라고 분명히 말하자. 이런 면에서 볼 때 우리가 일반적으로 문장에 부여해 주는 것이 의미라면, 우리는 아리스토텔레스를 계승한 스콜라학파 철학의 유명한 진리 기준을 거기서 다시 발견할 수 있다. 즉 현실 세계 속에 들어 있는 것이 내가 그 현실 세계에 대해 생각하고 있는 바와 '일치한다'면, 내 판단은 사실이라는 의미에서 사물과 정신의 일치를 찾을 수 있을 것이다.

▶ 그럼에도 불구하고 내가 현실 세계에 대해 생각하고 있는 바가 그것에 대해 말하고 있는 것이라고 명백히 하는 것으로 충분하다면, 현존하는 현실 세계는 내가 보고 있는 바로 그것이라고 말하며 만족할 수 있을까? 이런 일치가 실제로 존재하는가? 만약 일치한다면 우리는 그것을 어떻게 알 수 있는가?

우리가 제기하는 상투적인 주장은 그런 문제들을 지나치게 신경 쓰지 않는다. 이 주장은 여론에 의해 문제되지 않고 있으며, 그리고 내가 보는 것과 실존하는 것간의 완벽한 일치가 명백하기 때문에 문제 제기를 하지 않는다.

그러므로 엄밀히 따져 보면 일치에 대한 문제가 이중적으로 제기되고 있다. 여론에서는 진실에 대한 문제가 첫번째 일치의 단계에서 일어나고 있다. 첫번째 일치는 현실 세계에 대한 판단과 내가 직접 보면서 파악한 현실 세계 자체 사이에서 일어나고 있다. 현실 세계를 보아야 사람들이 현실 세계에 대해 말하는 것과 실재하는 현실 세계 사이를 중재할 수 있을 것이다. 그러므로 결정적인 요소는 바로 '보는 것으로 충분하다'는 데 있다.

그렇다면 본다는 것은 무엇인가? 그것은 시각이라는 매개를 통해 현실 세계를 받아들인다는 것이라 말할 수 있다. 우리와는 별개로 존재하고 있는 현실 세계를 직접적이고 객관적이며 매우 명료한 이해가 감정적으로 생생하게 진행되기 때문에, 여기서 우리는 **매개체**인 시각을 특징지어야만 했던 사실에서 결코 헤어나지 못하고 있음에 주목하자.

여기서 '내가 그것을 보았다'라고 말하는 것은 '그것이 실존한다'는 바를 의미하며, 그리고 '내가 본 그대로 그것은 실존한다'는 의미이다. 바로 여기서 명백한 이치가 설명되고 있다.

함의 탐구

우리가 현실 세계에 이르게 되는 것이 (다른 감각들 중에서) 시각이라는 **수단**을 **통해**서라면, 우리가 생각한 **직접적인** 특성은 현실과의 접촉에 있지 않다. 그러므로 우리는 수단 그 자체가 어떤 현실 세계를 이루고 있다고 생각할 수 있다. 그리고 완벽한 투명성과 관련해서는 도구의 **불투명** ——그것이 앞서 언급한 현실 세계를 **더 잘** 이해하기 위한 것이라 할지라도—— 이 반드시 필요하다고 생각할 수 있다. 우리 모두가 외부의 현실 세계와는 상관 없이 '많은 사물들을 볼' 수 있다면, 보는 만큼 그것에 대한 불신도 당연히 생겨난다.

'허깨비를 본다'는 것이 어느 정도는 경멸의 뜻을 담고 있음을 인정하자. 만약 우리 모두가 환영을 보지 않는다 할지라도 우리는 모두 꿈을 꾼다. 그렇다면 왜 우리가 꿈꿀 때 보는 것은 말의 진실을 증명하기 위해 사용되지 않는가? 꿈은 분명 현실이 아니기 때문이라고 대답할 것이다. 그래도 아직은 명백하니까 주의 깊게 탐구해 보는 편이 좋을 것이다. 그것을 어떻게 이해하고 있는가? '본다'는 유일한 현상이 차이를 만들어 낼 수 있을까? 이런 관점에서 데카르트의 《제1철학에 관한 성찰》을 읽어보자. 이 저서는 서로 다른 특성을 지닌 관점에 대해서만 이야기할 수 있음을 보여 주고 있다. 단순히 '본다'는 현상은 **영혼**이 만들어 낸 현실 세계에 대한 추억과 이미지들을 현실 세계가 만든 현실 세계에 대한 이미지들과 구분할 수 없다. 후자의 이미지들은 **현실 세계**가 변형시킨 이미지일 수도 있다. 좀더 앞서 나아가면 '얻어맞아 눈이 얼얼하다'는 것, 그것은 그런 시선을 만들어 준 것, 예를 들어 주먹의 타격과는 조금도 공통된 모습이 없는 시선을 갖는다는 것이다.

▶ 이러한 첫번째 의심 속에서 어떤 교훈을 이끌어 낼 수 있을까?

다양한 상황들이 연상되고 있음에도 불구하고, 그것이 현실 세계와 관련이 있든 없든 연상된 상황들은 일종의 감각을 지닌 특별한 진리로 존속하고 있는 것처럼 보인다. 그 감각의 특별한 진리는 아리스토텔레스에게 다음과 같이 말하도록 해주었다. "각각의 감각은 감지할 수 있는 특성들을 각각 느끼며, 색깔이나 소리에 대한 현상 자체에 대해서는 착각하지 않는다. 그러나 채색된 대상이나 소리나는 대상이 존재하는 장소와 본질에 대해서는 착각을 하고 있다."(《영혼에 관하여》)

다시 말해 내 시선의 진실, 그것은 내 시선이 머무르는 것을 보는 것이며, 그것을 정말로 보는 데 있다. 그것은 시각적인 감각으로서 잘못된 시선은 아니다. 그 시선은 지각했던 것을 잘 감지했기 때문이다.

십중팔구 '본다'는 개인적인 경험 속에서 우리가 가지고 있던 진부한 표현은 그 힘을 가지게 된다. 보여지는 것이 무엇이든지간에, 여전히 현실에 대한 이미지는 아닐지라도 이미지를 지닌 현실은 있기 마련이다.

이런 '느낄 수 있는 진실'을 의식한다 함은, 동시에 사람들이 이미지를 되가져다 준 대상을 확인하는 데 함부로 진실을 사용하고 있음을 의식한다는 것이다. 그런데 이런 확인은 잘못될 수도 있다. 그러나 우리가 '내가 그것을 보았기 때문에 그건 사실이야!'라고 말할 때, 이런 확인은 '본다'는 전체적인 행위의 일부분이 아니던가?

본다는 것이 단지 '보기'만 하는 것일까?

만약 본다는 것이 시각적으로 형태·색깔·크기를 인식하는 것이 아니라, 이것은 정육면체, 저것은 붕괴된 다리…라는 식으로 식별하는 것이라면, '본다'는 것이 단지 감각 기관의 영역에만 속한다고 말할 수 있을까?

고로 식별한다는 것은 '느낀다'는 것일까?

식별한다는 것, 그것은 이런 존재에 또는 이런 상황에 적합한 특성들을 찾아냄으로써 하나의 정체성을 부여하는 것이다. 다시 말해 그것은 모든 감각과 기억·상상력 그리고 개념적인 이해들을 이용해 모든 이치를 재편성하고 선별하는 것이다. 실제로 붕괴된 다리를 '본다'는 것은 다리 하나가 무너져 있다고 **판단**하는 것이다. 엄밀한 의미에서 나는 실제로 무엇을 보았는가? 조립되고 분리되어져 있는 돌들, 아마도 다소 혼란스럽게 얽혀져 있는 나무 막대기들, 그리고 골짜기 깊은 곳에, 암벽 여기저기에 매어져 있는 어떤 또 다른 것들 등, 눈에 보이는 세부적인 품목들은 더 축적될 수도 있을 것으로 그것들은 단지 시각적인 감각이 늘어놓은 것들의 축적에 불과할 뿐이다. 그 이상은 아니다. 여기서 데카르트나 칸트의 분석은 매우 명백해진다.(데카르트, 《제2형이상학 성찰》; 칸트, 《순수이성비판》) 내가 시각적으로 보여지는 것 일체를 해석하는 것은 바로 다양한 연결을 통해서, 처음엔 전체적으로 해석하고 그 다음엔 '붕괴된 다리'라는 의미를 지닌 실체로 해석을 한다. 다양한 연결을 통한 해석은 다리가 무엇인지를 알고 기억해 냄을, 즉 그 다리가 건축중이라기보다는 붕괴된 것임을 구별해 낼 수 있음을 전제로 하고 있기에 가능하다. 좀더 나아가 보자. 내가 사자와 마주 보는 것은 시각적인 조화를 이룬다. 그럼에도 불구하고 동물이 비몽사몽으로 졸고 있다거나 내 말에 복종한다면, 또는 사자가 판유리 뒤에 있거나 내가 먹음직스러운 존재로 자유로운 상태에 놓여 있는 사자와 대면하고 있다면, 시각적인 요소들은 유사하더라도 상황은 전혀 달라진다. 실제로 나는 보고 있지 않으며, 아니 좀더 정확히 말해 **보면서** 동시에 **어떤 상황인지를 평가한다.** 즉 시각적인 요소들을 서로 관련시켜 주는 것이 바로 의미를 주는 행위인 것이다.

그러므로 '보면서' 영혼은 감각을 통해 인지한 자료들을 관리하고, 감각과 **관련해** 관계를 설정함으로써 감각적 자료들을 진정으로 조직하는 작업을 한다.

▶ 그러므로 '내가 그것을 보았기 때문에 그건 사실이야!' 라고 말한다는 것은, 오히려 '보는' 행위에 근거해 내가 내린 현실에 대한 적절한 평가가 내게 보여진 현실 세계에 대한 그런 해석에 <u>부합하고</u> 있음을 의미한다. '그건 사실이야' 라고 말할 수 있도록 해주는 것은 바로 <u>두 개의 판단이 일치</u>했기 때문이다. 현실에 대한 첫번째 평가가——다리는 붕괴되었다——내게 입증해 주었다. 그리고 내

가 본 것을 '붕괴된 다리'로 해석하고 있기에, 나는 '그건 사실이야…!'라고 말한다. 실수의 책임을 내가 지든 혹은 그렇지 않든간에…, 두 판단 사이에 차이가 있었다면—— '그건 거짓이야!'라고——나는 부정했을 것이다. 실수는 판단 오류이기 때문에, 판단간의 차이를 줄여 준다고 생각하는 의미에서 '보는' 것은 **현실 세계에 대한 나의 판단**이 되는 **새로운 결정자**에게 자유를 준다.

스쳐간 사고들

▶ '내가 그것을 보았기 때문에 그건 사실이야!' 이는 '본다'는 것이 현실 세계에 대해 거론될 수 있는 모든 것들에 관한 진실을 확립할 수 있는 결정자를 만드는 것이라고 말할 수 있기 때문에, 단지 **현실에 대해 이야기되어진 것**과 비교해 볼 때 **현실 세계에 존재하는 것**——이것은 '보여진다'고 가정한다——을 좀더 중시하고 있다고 생각할 수 있다. 좀더 근본적으로 보면, **함축되어 있는 의미**는 **현실에 대해 내려진 모든 판단**을 넘어 여기서는 '본다'는 것이 유일하게 타당한 준거이며, 즉 **모든 판단의 기준**이 된다는 의미에서 '**결단을 내리는 것도 바로 현실 그 자체임**'을 분명히 하기 위해, '~에 대한 모든 발언'이 필요로 하는 객관적 판단을 거부하는 데 있을 것이다.

그러나 실수를 떠벌리는 명상 속에서 이루어진 판단을 모두 거부하는 이런 판단은, '본다'는 것이 사람들이 보고 있는 것의 객관적 현실과 영혼이 '그건 사실이야!'라고 주장할 수 있도록 해주는 기준들을 있는 그대로 직접적으로, 그리고 완전 투명하게 제공할 것이라는 환상 속에서 이루어지고 있다.

사실 이런 환상적인 허위 명증은 진짜 '선택의 부분'이다. 한편

이것은 인간들이 대단히 즐기는 가장 훌륭한 조작들이 일어나고 있는 고갈되지 않는 저장소의 일부분을 이루고 있다. 또 다른 한편 그것은 철학자와 과학자들이 부딪히게 될 모든 어려움으로 깨닫게 되는 것을 알아야 한다는 문제를 제기하고 있다.

▶ **명백한 이치에 대한 사회적·심리적 초점**

● 그 분석은 일종의 '감각에 대한 진실'이 현실과의 만남에서 가지게 되는 직접적인 특성을 이루는 듯 보였던 것의 원인일 수 있음을 보여 주었다. 문제는 바로 이것이다. 진실이 설명하고 있는 것을 절제하기보다는, 시각적 감각으로 확신하는 것을 이미 더 이상 확신하지 못하는 것으로 비합법적으로 확대하는 문제가 있다. 왜냐하면 가장 단순하게 '본다'는 것이 현실을 설명하는 복잡하고도 전체적인 경험을 단번에 형성하고 있음을 사고가 입증하고 있기 때문이다.

● 일상 생활은 수많은 실수와 실행의 예를 제시하고 있다.

그러므로 모든 종류의 현실 세계는 '보여지는' 것일 수 있다. 즉 초상화·사진·영화처럼, 이 모든 것들은 있는 그대로의 현실 세계를 가리키고 있으며, 또한 '내가 본' 한 가지의 현실, 즉 여러 현실들의 고유한 특성을 지니고 있다. 물론 그것들이 가리키고 있는 것을 내가 직접 보고 있는 것은 아니다. 그러나 내가 바라보고 있는 것, 즉 이미지를 바라보는 사람은 바로 나이다. 그러므로 '시각'이 '이차적인 것'이라 할지라도 감각이 가지고 있는 진실의 힘 자체는 반드시 시행되고 있다. 현실의 어떤 이미지를 내게 제시하는 사람이 그 누구더라도, 실제로 그 사람은 우리가 현실에 대해 모든 시각적인 이해를 가지기 위해 투자하고 있는 감각 위에, 현실에 대해 자신만이 행한 고유한 이합집산을 제시할 수 있을 뿐이다. 그럼에도 불구하고 '바라보는' 것의 투명성과 객관성의 명증은 유지되고 있다. 즉 나는 '마치 내가 거기에 있었던 것처럼' 바라보는 느낌이 든다. 분명 여기에는 가능한 조작 행위들이 덧붙여진다. 우리는 사진화하거나 영화화하는 수단 이외에도, 오늘날에도 여전히 관심을 가지고 있는 변화를 상기할 수 있을 것이다. 다른 곳에서 영화화된 어떤 인물을 여기 영화에 등장하는 인물로 대체시키거나, 제거하거나, 혹은 그런 세부 사항을 덧붙이는 등등의 변화를 상기할 수 있을 것이다…. 그리고 통합된 이미지가 혼동할 수 있을 만큼 '자연 그대로의' 이미지와 경쟁하는 것을 앞으로 보게 될 때, '내가 그것을 보았기 때문에 그건 사실이야!' 라는 주장이 모든 가치를 상실하게 될 것이라는 점을 우리는 정말로 확신할 수 있을까?

● 변화는 내가 본 현실 세계에 대해 내린 고유한 나만의 해석을 둘러싸게 될 해석들에서 유래된 것이기에 더 위험하다. 그러하기에 '바라보십시오! 하며 망을 보는 것은 진짜 살상을 하는 효과가 있었다.' 나는 시쳇더미를 보면서 '그건 사실이야!' 라고 말한다. 실제로 내가 시체를 보지 않았다면 무엇을 보았을까? 시쳇더미가 많은 사망자를 내는 치명적인 전염병의 결과라기보다는 학살의 결과라는 것을 나는 어떻게 알 수 있는가? 그것들은 어째서 작가를 위해 비난하는 것이기보다는 그런 비난을 받는 망보는 행동을 하였을까? 또 다른 요소들의 도움 없이 '본다'는 것은 대답할 수 없을 것이다. 그럼에도 불구하고 사람들이 본 것들 중에서 우리가 관심을 가지고 있는 것이 우선은 그것이 가지고 있는 의미이기 때문에 함정은 작동되고 있다. 그렇기 때문에 우리는 여기서 그런 결함들을, 만족스러우며… 까다롭지 않은 해석을 다시 문제삼을 위험이 있는 그런 세부 사항을 무시하고 있기에 '아주 세심하지는' 않다.

▶ 주장에 대한 인식론적인 측면

일상 생활에 속해 있는 이런 예들은, 특히 현실에 대한 어떤 이해를 가져다 준다고 주장하고 있는 모든 과학이 부딪치게 될 문제점들을 나타내고 있다.

● 역사는 '내가 그것을 보았기 때문에 그건 사실이야!'라는 주장이 가지고 있는 어려움이 드러나는 특별한 장을 이루고 있다. 역사가는 무엇을 '보고' 있는가? 아무것도 보고 있지 않다. 그러나 역사가는 다양한 증거를 포함해, 특히 바로 '거기 있었기에' '모든 것을 본' 사람들을 마음대로 이용하고 있다. 그 사람들이 자리를 가장 잘 잡고 있었을까? 확실치는 않다…. 자신이 참전한 전쟁에서 본 것을 이야기하고 있는 《파름의 수도원》의 주인공을 상기해 보자. 사실 그가 전쟁 속에서 체험한 것은 우리에게나 역사가에게나, 상황을 접근해 가는 그 자신만의 방법에 따라 달라지는 것이다. 그는 아무것도 보지 못했으며, 자신이 처한 시점에 대해서조차도 이해하지 못하고 있다. 더구나 그는 그것이 워털루 전투라는 것도 모르고 있다. 그러나 그는 거기에 있었다…. 그러므로 증거는 단순하게 사건 그 자체를 **구성하고** 있는 모든 종류의 흔적과 자취를 해독하고 있다. 그것을 **이해하는** 것에 관해 말해 보면, 하나의 사건이 일어나는 데 개입되는 인간의 동기는 어떠한 흔적들을 남기고 있는가? '일어났었던 일을 안다는 것'이 용어의 본래 의미로 '본다'는 것에 꼭 속하지는 않지만, 가능한 한 가장 정확한 수단으로 실행되기 위해 다양한 이해의 수단들이 얽힌 관점을 요구하는 해석, 즉 판단의 영역에 속해 있음을 밝힐 수 있을 것이다.

● 이 사실이 놀라운 것처럼 보일 수 있음에도 불구하고 물리학이나 생물학의 경우에 있어서도 사정은 똑같다. **보여지는** 현실이 있기 이전에, 그리고 그것이 보여지기 <u>위한</u> '**사고된 현실**'이 없다

면, 때로 봐야만 하는 무엇인가가 있을 것이라 가정을 할 경우, 현실에 대한 이해는 조금도 이루어지지 않을 것임을 몇 가지 이유를 들어 강조할 수 있을 것이다. 그래서 천문학자 르 베리에는 '보지' 않은 행성을 발견했고, 그보다 두 세기 앞서서 갈릴레오는 주의를 기울이지 않고서도 눈에 보이지 않는 그 행성을 '보았다.' 또 전기를 하나의 사물처럼 이해하기 위해 시행한 모든 실험에도 불구하고, 사람들은 전기를 분명히 '볼' 수 없을 것이다.(바슐라르 참조) 의학과 생물학도 이와 똑같은 유의 생각을 가능케 하고 있다. 두뇌(대뇌)의 외부적인 측면보다 간·달걀·배아의 외적 측면보다 더 실망스러우며, '첫눈에 보는 것'보다 덜 중요한 것은 무엇인가? 나는 보지도 않은 상태에서 보고 있다. 무엇이 사실일까?

그러기에 생물학은 오로지 물리화학적인 유형의 현실을 설명해 주고 있는 모델에 만족하는 한, 생물학이 이용하고 요소들을 이루고 있는 것을 '볼 수' 없을 터이다. 반면에 윗슨과 크릭이 DNA의 분자 구조를 언어와 정보의 용어로 설명할 때, 사람들은 생존자의 유전적 실체에 속해 있는 것을 '보고' 이해하게 될 것이다. 바로 여기서 **본다는 것**은, 그 비유적인 의미의 해석에서와 마찬가지로 감·각적인 의미에서 볼 때, 인식론적 장애의 진정한 역할을 할 수 있음을 아주 잘 입증했던 공적은 바슐라르의 것이다.(《과학적 정신의 교육》)

● 그러므로 모든 과학적 연구의 진보는 진부한 명증들을 끊임없이 재검토하는 것과 같은 것이며, 과학의 발전 그 자체는 '철학적 질문'이 앞서 과학적 연구를 마무리지었던 근본적인 질문들 속에서 이루어지고 있다.

사람들은 느낄 수 있는 현상에 대한 명증에서부터 시작해 그런 명증을 이해하고 증명하려 애쓸 것이다. 다시 말해 그것을 생각하고 입증하려 할 뿐 아니라, 즉 벙어리처럼 '느끼고' 있기보다는 '그건 사실이야'라고 말할 수 있도록 해주는 근거들을 찾으려 애쓸 것이다. 그렇기 때문에 에피쿠로스(고대 그리스 철학자)는 자신의 저서 《헤로도토스에게 보내는 편지》에서 "육체적으로 보다 섬세한 신체적 응수는 시각적인 자국을 남기고 있다"고 설명하고 있다. 그것은 사물의 비춰진 모습이 아니라 그 대상과 똑같은 상태로 복사가 이루어지는 실질적인 대상이다. 따라서 외부 세계의 현실은 실재하는 것과의 완전한 일치가 이루어지는 속에서 감각의 본질을 통해 보증된다. 잘못된 판단과 오류, 그리고 환상들은 우리가 의견을 덧붙이는 데서부터 발생된다.

● 그러나 자명한 이치에도 문제는 발생한다. 현실에 대해 내가 생각하거나 말하고 있는 것과 있는 그대로 느끼는 현실 사이의 연결은 어떻게 이루어지는가? 문제는 사람들이 현실에 대한 두 단계의 이해가 똑같은 이치에 속하지 않음을 느끼고 있다는 사실에 기인한다. 다시 말해 하나는 지적 이해를 위해 개념들을 배우는 영혼의 것이며, 또 다른 하나는 감각적인 이해를 위해 지각 능력을 기른 영혼의 것이다. 그 둘은 각각 특수한 특성들을 바탕으로 하기 때문에 큰 차이로 분리되는 것 같다.

그런데 마지막 설명은 현실에 대해 이해하고 있는 두 가지 방법을 연결하는 문제에, 이해 그 자체에 대한 **객관성**의 문제를 덧붙이고 있다. 실제로 현실을 이해하기 위해 내가 이용하고 있는 수단들이 매우 명백한 특성들을 지니고 있다면, 내가 본 현실은 어떤 표시를 가지고 있지 않는 것일까? 그러면 주체에 속해 있는 것과 세상에 속해 있는 것 사이를 어떻게 나누는가? 엄밀히 따져… 세상이라는 것을 구축할 수조차 있을까? 그래도 아직까지는 주체 그 자신이 자신만의 기준을 근거로 해서 세상을 구축할 수 있을 것 같다!

따라서 논리적으로도 그것은 완전히 불가능한 것이다. 우리들이 세상에 대해 이해하고 있는 것과 세상이 현존하는 '그 자체'와의 일치를 <u>외부적으로</u> 보장할 수 있는 '제3의 용어'는 그 이해가 사실이라고 말할 수 있기 위해 필요할지도 모른다. 만약 우리가 **우리 스스로 진리를 명확히 할 수 있기를 바란다면**, 진리의 근간이 되는 기준 자체에 접근해야만 한다는 것을 무언가에 덧붙일 필요가 있다.

따라서 질문은 더 이상 인식론적인 상태에 머무르지 않고, 형이상학적인 문제로 바뀔 수 있다. 즉 신이나 존재는 이런 보장을 할 수 없는 것일까? 이는 바로 데카르트가 취하게 될 입장이다.(《제3철학에 관한 성찰》)

● 그럼에도 불구하고 사람들이 과학의 기초세우기를 거절한다면, 칸트가 규정한 '공간'은 남게 된다. 내가 그것을 이해한 방식과는 별개로, 내가 그 여건을 완벽하게 그리고 영원히 이해하지 못할지라도, 그 공간 속에서 내게 생각하도록 주어졌던 것은 <u>또한</u> 경험하도록 내게 주어졌다….

단지 '인간으로서 생각할 수 있고 이해할 수 있는' 것으로 한계를 지었기에, 세상을 찾는 인간의 열정적인 모험은 남게 된다. 그리고 소위 인식의 활동 저편에는 그 활동의 근간이 되는 자유가 펼쳐진다.

따라서 '내가 그것을 보았기 때문에 그건 사실이야!'라는 말은, 그것이 무엇이든지 주장을 하고 있기에 그 무엇인가를 해결하기보다는 인간과 세상간에 벌어져 있는 상태를 초월하려 애쓰는 긴장 상태로 모든 것을 이해하고 있음을 나타낸다. 그리고 그 벌어진 상태는 행동을 통해 존재의 내면 깊숙한 곳에서 인간에게 끝없이 길을 열어 주고 있다.

6. 간단한 분석들

'좋은 것들은 언제나 끝이 있다'

▶ 언술 이해하기

이 말은 '좋은 것들'에 대한 이야기는 지속되지 않음을 뜻하는 아주 잘 알려진 격언이다. 이는 반대로 나쁜 것들은 지속될 수 있음을 의미하는 듯하다!——실제로 나쁜 것들이 지속되지 않을 경우 사람들은 그것으로부터 해방되었다는 사실에 너무 행복해서 그것에 대해 그다지 언급하지 않는다——이런 지적은 어조가 모든 사물이 가지는 유한적이고 일시적인 특성을 나타내기보다는 '좋은 것들'의 경우에는 예외가 적용되지 않으리라는 아쉬움을 더 강하게 나타내고 있음을 보여 준다. 그러므로 쉬지 않고 만족하려는 열망이 표현된다. 즉 고통에서 벗어나려는 자연스러운 움직임이나 절대적인 것에 대한 목마름 같은 것이 나타나는가? 이런 주제에 대해 깊이 생각하고 싶은 유혹이 있다.

그러나 격언을 보면——존중할 필요가 있는——그 표현 속에는 단순히 '좋은 것들'이 문제가 됨을 지적할 수 있다. 그 음색과 관련해서 시간을 파괴하는 특성을 유감스럽게 생각하는 것이 근본적으로 중요한가? 선뜻 대답하기가 쉽지 않다. 왜 그럴까? 그것은 아마도 많은 격언들과 마찬가지로 여기에도 문장의 분위기가 감돌고 있기 때문이다. '그것에 대해 지나치게 물어봐서는 안 된다'는 것을 인식할 줄 알아야만 한다. 좋은 것들을 항상 체험한다는 것은 불가능하다. 그러므로 당신은 이미 체험할 기회를 가졌던 것에 만족해야 한다. 그것들이 지속될 수 있을 것이라고 생각하기를 단념하라. 모습이 드러났던 것들에 감사해하며 만족하라. 바로 그것이 행복해질 수 있는 **현명**한 방법이다. 달리 말하면 인생에 있어서 좋은 것은 좋은 것들이 언제나 종결되는 것을 허용하는 데 있다.

▶ 문제 제기

영원히 충족되지 않는 욕구에 대한 고통을 피할 수 있는 정신적 간사함이나, 또는 실제적으로 근거가 타당한 태도는? 어떤 이유를 생각해 볼 수 있을까? 좋은 것들은 정말 항상 종결되는가? '좋은 것들'을 통해서 무엇을 이해하는가? 여기서 욕구는 단지 실망의 골을 언제나 더 깊게 파는 고통일 뿐인가?

▶ 사고 흐름의 개요

● 이런 현실 세계에 대해 현명하게 받아들이는 생각으로 시작하는 것은 흥미롭다. 사실 격언은 바로 그런 사고 속에서 격언의 기초를 이루는 몇몇 철학적인 검토를 통해 발전한다. 따라서 스토아학파의 철학자에게 인간이 '좋은 것들'이라 칭한 것은 사람에 따라 달라지지 않는 것이다. 즉 건강, 어떤 주변 환경, 부와 타인에 대한 인정 그리고 평화 등은 사람들이 그것들을 획득했을 경우, 이를 지킬 수 없을 정도로 인간의 개인적인 의지와 행동과는 무관한 요인들의 개입을 지나치게 요구하고 있다. 그만한 대가가 있는 행복이라면, 그것은 일시적이고 예측 불가능한 것일 뿐이라고, 즉 상황에 따라 갑작스레 나타나거나 사라질 수 있는 것이라고 이해할 수 있다. '좋은 것들이' 있을까? 다소 나은 질문이기는 하나, 그것들이 거기에 존재하지 않았을 경우를 잊지 말자. 사람들은 에픽테토스나 마르쿠스 아우렐리우스가 《방법 서설》 3부에 나오는 데카르트의 유명한 문장, 고대 스토아학파의 원칙을 계승하고 있는 "세상의 이치

보다는 자신의 욕구를 바꾸는 것이 더 바람직하다"는 문장과 연결되도록 이런 점에서 진행한 전개를 계속할지도 모른다.

● 바로 이런 명백한 사실에 대해 사고가 다시 일어날 수 있을 것이다. 즉 **욕망, 그것이 항상 옳을까?** 왜 욕망 속에서는 결핍과 욕구 불만, 욕구 불만족, 타고난 탐욕에 대한 부정적인 측면만을 보게 되는가? 좋은 것들은 끝이 없기를 바라는 것, 그것이 그렇게도 나쁜 것인가? '할 일이 아무것도 없다'고 말하기보다는 욕망 때문에 '그것은 다르다고' 할 수 있을까? 스토아학파가 지지했던 것처럼 우리의 의지에 따라 달라지는 것은 단 하나의 개인의 것으로 환원되지 않으며, 그리고 이 경우 그 개인의 '행동 영역'은 자신의 판단을 지배하는 유일한 정신적 세계를 초월하지 않고 있는가? 능력이 상당한 것일지라도 그것은 여기서 그가 가진 **유일한** 능력일까? 그러므로 사람들은 실존하는 현실만을 생각하길 바라는 합리적 사고에 맞서서, 그리고 아무런 창의적 도약도 없이 단지 실제로 존재라는 모습부터 경험하길 바라는, 합리적 사고에 맞서는 욕망의 창조적 역할을 전개할 수도 있다.

● 그렇다면 사고의 마지막 단계에서 사람들이 만약에 스토아학파의 경계에서 교훈을 끄집어 낼 수 있다면, '좋은 것들은 끝이 없어야' 바람직하다는 것을 보여 주는 일만 남게 된다. 다시 말해, '어떤 것들'을 '가진다'는 의미에서 생각하기보다는 '존재한다'는 의미에서 좋은 것을 생각해야 한다. 기대하고 있던 이익을 가져다 주길 바랐던 일들을 더 이상 바라지 않고, 그리고 그 일에 집착하지 않으면서 '실존의 이익'을 구축하려면 독자적이어야 한다. 그러나 이런 열망의 특성 그 자체에서, 열망이 펼치고 있는 자유 속에서, 그리고 그것이 비밀에 부치고 있는 창의력 속에서 스토아학파보다는 칸트에 더 접근한(칸트, 《도덕형이상학기초》), 격언의 기반이 되

고 있는 지혜와는 아주 다른 지혜의 개략적인 모습을 끄집어 내야
한다.

격언 속에서 드러난 아쉬움이 담고 있는 '거부된 것'은, 여기서
탐구하려는 생산적인 욕망 속에서 좋은 것들에 의해 추진되지는
않지만 인간에게, 모든 인간에게 맞는 모든 인간을 위해, 그리고 모
든 인간에 의해 합당한 이익을 통해 연구될 수 있도록 재이해되고
있다.

'침묵은 금이고, 말은 은이다'

▶ 언술 이해하기

이 말은 우리가 자명한 이런저런 의미를 생각하면서 그 이치에
전적으로 동감하고 있는 아주 잘 알려진 격언이다. 그러나 즉각적
으로 받고 있는 느낌에 만족하지 말고 냉정하게 그 말을 연구해 보
도록 하자.

● 문장의 구조 자체를 통해서 우리는 단번에 문장이 침묵과 말,
금과 은으로 대칭 구조를 이루고 있음을 인지할 수 있다. 이런 대
칭으로 격언의 의미는 완성된다. 전자의 단어군은 대조가 되는 듯
하다. 말은 소리를 만들어 내지만 침묵은 소리의 부재이기 때문이
다. 그러나 엄밀히 따져 보면 말을 하지 않는 것은 무언의 상태로
있는 것이라 볼 수 있다. 그렇다면 벙어리의 침묵이 있을 때, 진정
우리는 모든 침묵이 '무언의' 상태라고 말할 수 있을까? 벙어리가
소리내어 말하지 않더라도, 그는 다른 유형의 신호를 통해 자신을
표현할 수 있기 때문이다. 따라서 '그것으로 길게 이야기하고 있
는' 침묵을, 즉 의미를 표출하는 침묵을 볼 수 있다. 그렇기 때문
에 우리가 대립이라고 착각했을 수도 있었던 것은 오히려 의미를

부여하려는 행위 속에서 **나타난 차이**인 것이다.

● 그러므로 금과 은은 같은 원리로 이해될 수 있다. 이 둘은 모두 금속이고, 그 둘의 차이는 가치에 있다. 서로 대립되는 것이 아니라 단지 하나가 다른 하나보다 더 우월하다는 것이다. 즉 금은 은보다 더 값진 것으로 간주되고 있으며, 은은 아직도 청동이나 철, 또 다른 금속들보다는 더 값진 것이다. 따라서 특징 있는 똑같은 모델로 이용하려면, 침묵과 말이 **가치를 표현하는 데 차이가 있는 것으로** 서로 연관지어 이해해야 할 것 같다.

그러므로 격언은 다음과 같은 의미가 있다. 말을 한다는 것은 좋은 것이다. 침묵하는 것, 그것은 그래도 아직까지는 괜찮다. 엄밀히 따져 이 격언은 언어 사용의 완전한 금지를 포함하고 있지 않다.

▶ 사고의 전체적인 흐름

● **첫번째 단계**에서는 이런 평가를 **정당화시키고 있는 것**을 명백히 하는 것이 좋다. 지적할 만한 여러 이유가 있다. 사람들은 계속되는 이야기에 맞서서——더욱이 그 말들은 때때로 무의미하기도 하다!——**심사숙고하는** 침묵에 더 가치를 부여할 것이다. ('말하기 전에 심사숙고하라.') 언어와 구별되는 간접적이고 추상적인 특성에 맞서(치아가 아프다고 <u>말하는 것을 느끼고</u> 있는 것으로 보는 것은 아무것도 없다), 사람들은 **침묵이라는 것이 직접적인 접촉과 내적이면서 강력한 일치를 보여 주는 것** 같다고 강조할 수 있을 터이다. ('표현은 무용지물이 되곤 했다…') 다양한 표현과 문장·담론에 맞서는, 침묵의 유일한 형식과 **내적 집중**의 개념을 강조할 수도 있을 것이다. 침묵이 환기시키는 **신성한 것과의 관계**(관망적 기원) 개념은 빼고 강조할 것이다. 아마도 이런 관점에서 연금술사들이 '연금술의 돌'을 찾으면서 창조해 내려고 몰입한 금이 가진

불변의 순수성이라는 상징이 연상될 수 있을 것이다. 따라서 모든 열정과 모호성, 모든 함정의 장이며, 그리고 신중하지 않고 넘치는 듯한 과도한 말과 달리 침묵은 원래 상태의 지혜를 가장 높은 수준의 정신적 사고로 표현할 수 있을 것이다.

'연금술의 돌'이 지혜의 상징이라면 현자는 우선적으로 사고하는 사람이라고 할 수 있다. 현자가 말을 할 때, 그의 말은 사고에 부합한 것이며 그의 행위는 말에 일치되는 것이다. 말은 정신과 행위의 침묵 속에서 구체화된다. 따라서 침묵이 금이라면 말은 은이 된다. 그러니까 **침묵을 배경으로 해서 말이 생겨나고 있다.** 침묵은 말이 실존하기 위해 필요로 하는 자유의 '공간'을 이루고 있다.

그런데 우리의 침묵이 조심스럽게, 그리고 각자의 자율성을 존중하면서 타인이 표현할 수 있도록 자유를 보장해 줄 때, 자유에 대한 개념은 인간 관계 속에서 구체적으로 형성된다. (타인의 '말을 끊으면서' 말을 하기보다는 그의 입장에서 문장을 마치도록 해주어라…) 그가 자신의 생각을 자유로이 말하도록 내버려두는 것은 잘 하는 일이며, 그의 말을 듣는 것은 더 잘 하는 일이다. 그러므로 청취하면서 보여 주는 침묵은 인간 상호간에 **의사 소통이 이루어지고** 있다는 증거이며, 상호간의 자유 의지가 표출되고 있다는 표현인 것이다.

● 그러나 두번째 단계에서 침묵은 격언이 전제하고 있는 모든 덕목을 정말로 포함하고 있는가를 자문해 보도록 하자. 예를 들어 모든 혼란이 일어나는 말과 비교해 침묵을 금에 비유했는데, 그렇다면 침묵은 섞이지 않은 금의 순도를 증명할 수 있을까? 물론 기표로서 그것은 변함없이 침묵이고, 침묵 그 자체와 동일하다. 그러나 그것이 보이는 기의는 수없이 많으며, 때로는 완전히 상반된 기의를 보이기도 한다. 기호가 가지고 있는 가장 절대적인 불명확성

때문에 만연할 수 있는 모든 모호성들을 고려하지 않은 상태에서 칭찬으로 해석하거나 심한 비난으로 해석하기도 하며, 또는 단두대의 날카로운 칼날이 사정없이 내리치는 냉정한 결단성으로, 또는 결단을 내리지 못하는 우유부단함으로 해석하기도 한다. 또 '죽은 자의 침묵'을 의미하거나, 아니면 살아 있는 존재의 소리가 거의 나지 않는 침묵으로 해석하기도 한다. 침묵하는 사람은 언제나 자신에게로 책임이 전가되는 것 모두를 인정하지 않을 수 있다. 그는 '아무것도 말하지 않았으니까!' 동시에 그는 여러 현학적인 제안으로 리드를 한다. 그는 자신이 원하는 것 모두를 대체로 거의 믿도록 만들 수 있으며, 기정 사실 앞에 또 다른 사실을 내버려두면서 설명을 조금도 하지 않을 수 있다. 그러므로 순도와 관련해 침묵은 도망가고 조작이 일어나는 가장 멋진 공간의 영역이다.

● 그러나 침묵은 사회 생활에서 거북스러운 논쟁이나 난점을 피할 수 있는 '금'에 속하는 것 같다. 그러나 그것은 거짓 화합, 즉 문제가 없다고 믿게끔 해주는 침묵 덕분에 쉽게 얻어지는 평화가 아닐까?

이의를 제기할 수 있는 많은 사람들에 의해 회자되고 이해되고 해독된 실재라면, 말의 외관이 명시되거나 문서화 또는 이야기되고 있는 실재라면 침묵의 외관은 '아무것도 아닌 것'이다. 소리내어 나타나거나 시각적으로 드러나는 말은 명백한 흔적들을 남긴다. 그 속에서 침묵은 무엇이든지 '가득' 채울 수 있는 빈 공간 상태일 뿐이며, 무언가가 누락되어져 있을 뿐이다. 바로 여기에서 사람들은 보다 큰 소리로 상기되는 말의 외재화를 관련시키고 있다. 이를 통해 말의 **외재화**는 사람들이 이야기하는 것 속에 표출되어 있는 존재를 제시하고 있다. 그렇기 때문에 몇몇 실재에 대해 말하지 않는 것은, 사실 존재하는 것 중에서 그런 실재들을 제외시키는 것과 같다. 단순히 기호에 불과한 명백한 것이 그것에 대한 인식을 하지 못한다면, 그것이 무엇이든지간에 그것에 대한 최소한의 이해는 어떻게 이루어지는 걸까?

마찬가지로 침묵이 어떤 현상들에 대한 이해를 '은폐하고' 있다면, 반면에 말은 '진실이 밝혀지도록 해주고 있다.' 여기서 우리는 정신분석적 연장선상에서 다음과 같이 생각해 볼 수 있다. 무의식의 침묵이 **은폐하고 참고 있는 것이라면**, 말은 **베일을 벗겨내고 자유로이 토로하고 있다.** 말은 그 의미에 대해 토론을 벌이는 정신의 탐구적인 활동에 의미를 제공함으로써 의미를 전개하고 있다. 반대로 침묵은 은밀하고 막연한 수많은 체험이 비인간적인 영향력을 모두 행사하도록 해줌으로써, 말로 표현할 수 없는 것에 대해 형태없는 존재로 그 의미를 유지하고 있다.

따라서 어떤 면에서 침묵은 '금,' 말은 '은'일 수 있다고 이해할 때, 비평적 사고는 어느 정도 그 말에 미묘한 차이를 고려해 표현할 수 있도록 해주었다. 그럼에도 불구하고 다음과 같은 사실을 주목할 필요가 있다. 격언은——의미를 부여하는 완벽한 기술이 될 것을 나타내고 있다고 추정되는——금이라는 강력한 상징적 임무를 가지고 있기 때문에 수많은 또 다른 가능한 한 분석들을 행하는 데 적합하다는 것을 주지할 필요가 있다.

'시대에 뒤떨어졌어!'

▶ **언술 이해하기**

● 이 표현이 보여 주는 즉각적인 의미는 확실히 확인된 사실만을 가리키고 있는 듯하다. 즉 그것은 더 이상 존재하고 있지 않다거나 더 이상 유행하지 않는 것이다. 그러나 또 다른 측면, 즉 판단

의 측면과 가치 판단을 감지할 수 있다. 실제로 이런 판단은 ‘신제품’에 대해 그다지 정통하지 않아서 ‘시대에 뒤떨어진 상태에’ ‘뒤처져 있는 상태에’ 있는 사람의 것이다. 현재 가장 흔하게 재사용되는 의미는 아마도 ‘유행이 지났다’ 아니면 더 나쁘게 ‘별로 진보되지 않았다’ 라는 의미일 것이다.

● 그러나 무엇이 시대에 뒤떨어진 것이란 말인가? 앞의 용어가 의상 패션과 함께 어우러져 옷 입는 방식을 언급하고 있다 해도, 그 이상의 것을 생각해 볼 수 있다. 일반적으로 사용이 소위 ‘시대에 뒤처진’ 것일 수 있다. 그러기에 그에 따른 행동·구성 방식·기술·제도·법칙·사고 방식 등도 시대에 뒤처질 수 있다….

따라서 이 판단은 인생과 인간의 지식 전반에 걸쳐 적용될 수 있는 것 같다. 그리고 어느 정도는 경멸의 의미를 나타내고 있다. 실제로 이런 판단이 지니고 있는 내용은 정확히 무엇이며, 무엇을 밝히고 있는가?

▶ 발화 속에 내재된 전제 사항 연구.

● ‘시대에 뒤처진’ 이란 용어를 좀더 강하게 지적하고 있는 ‘뒤에 처져 있다’ 라는 표현과 연결지어 보면, 사고가 어떤 의미로 표출되고 있는지를 간파할 수 있다. 실제로 도로 표지, 길 표지 등을 제외한 어떤 구체적인 표현들이 우리의 생각에 접목되고 있는가? 달리 말해 우리는 분명 공간적 환경에 처해 있다.

용어에 대해 좀더 깊이 살펴보자. ‘앞으로’ 와 ‘뒤로,’ 이 두 용어는 분할의 용어로 생각하도록 유도하기보다는 선의 개념으로 사고하도록 방향을 잡고 있다. 출발점이라는 의미로 순환하지 않는 선은 그 출발점에서 절대로 다시 만날 수 없는 방향으로 뻗어 간다. 선은 출발점으로부터 반대쪽으로 멀어져 간다. 간단히 말해 직선과 연관이 있다. '출발'과 '멀어진다'는 용어를 주의해서 보자. 여기에 새로운 개념이 있는 건 아닐까? 실제로 직선이 하나의 고정된 현실 세계라면, 여기서 우리는 움직임과 관련이 있다. 그리고 우리는 도로·길을 상기했었기 때문에, 하나의 여정을 둘러보는 것과 관련 있음을 분명히 명시하면서 표현에 대한 첫번째 접근으로 얻은 '마음속의 그림' 전체를 채워야 한다.

● 그 표현이 오히려 우리를 **시간과 연관**지어 나타내고 있는 듯함을 아주 잘 파악하고 있다. 그럼에도 불구하고 우리는 왜 이런 생각들을 할까? 정확하지만 그 표현은 추월에 대해 말하고 있다. 달리 말해 시간을 공간화하고 있다. 그러므로 우리는 정신적으로 **시간을 공간화하고** 있다는 사실에 주의하고, 아무것도 소홀히 하지 않아야 하는 지적인 의무가 있다. 현시점에서 모르고 있는 것이 이후에 중요해질 경우 특히 유의해야 한다!

그렇기 때문에 **과거가 '뒤에'** 있고 미래가 **'앞에'** 있는 시간선상과 관련이 있다. 과거는 지나온 것이고, 영원히 지나쳐 버린 것이다. 사람들은 향수에 젖게 되는가? '뒤로 거슬러 가기'를 바랄까? 물론 아니다. '시대에 뒤떨어졌어'라는 표현은, 현재와 비교해 과거가 더 세련되지 않고 원초적이며 덜 재미있고 더 제한적이었음을 함축하고 있다. 오늘날 '우리는 진보했어!' 다시 말해 우리는 단순하게 변화만 한 것은 아니다. **변화는 진보를 이끄는 생산자**이기 때문이다. (어떤 변화만을 연관짓지 않고) 시간 전반에 걸쳐 이를 적용해 보면, 그렇다면 표현은 암묵적으로 개념을 드러낼 것이다. 이 개념에 따르면, **현재는 언제나 과거에 비해 더 우수하며 미래보다**는 덜 좋은 것으로 드러난다.

● 시간과 역사에 대한 명확한 개념은 이처럼 아주 사소하고 흔한 문장 속에 내재되어 있다.

사실 '시간이라는 거대한 톱니바퀴'나 역사처럼 '끝없이 되풀이되는' 개념, 즉 역사의 모든 가치를 부인하고 있는 시간의 반복 개념을 믿게 하는 것은 생각할 수 없는 일이다.

한편으로 시간에 접근한다는 것, 퇴색하는 의미로서가 아니라 진전이 가능한 그 무엇으로서 시간에 접근하는 것은 관점을 상당히 변화시키고 있다. 하루살이의 죽음에 우리의 정신을 혼미케 하는 듯했던 모든 변화를 거부하기보다, 우리는 변화시키고 만들고 창조하기 위해 시간에 의지할 것이다. 시간은 우리에게 기회이지 상실이 아니다. 그렇다면 이 용어가 어떻게 기회의 의미를 지니는가? 여기에는 인간에 대한 모든 개념이 정돈되어 있다. 인간은 개선될 수 있으며, 역사 속에서 그리고 역사를 통해서 형성되기 때문이다. 달리 말해 진전의 개념은 개인과 민족의 행위가 가능케 하는 변화 덕분에 시간의 흐름 속에서 새로운 것이 생겨나는 것이라고 추정된다. 그때부터 우리는 표현 속에 내재되어 있는 '유행'의 개념을 이해하게 된다. 즉 유행의 개념에 의해 순간의 문화 속에 현존하고 있는 지배적인 흐름은 무시될 수 없다. 유행에 뒤진다는 것은 사람들이 새로운 것, 즉 만들어지고 있는 최고에 속해 있는 것이 아니라 보다 열등한 문화, 열등한 사고 방식, 열등한 행동의 하위 상태에 처해 있다는 의미에서 시대에 뒤처져 있다는 것이다. 시대에 뒤처져 경직되어 있는 사람들은 언제나 좀더 완벽을 향해 나아가는 불가항력적인 전진, 즉 진보하는 데 참여하지 않는다. 그러므로 역사는 인류의 긴 행보인 것이다. (시간을 공간화하는 데는 유용한 생각이다!) 이 행보는 시간 속에서 시간을 통해 인간의 존재를 보여 주면서 그 운명을 만들어 내고 있다. 따라서 헤겔은 이를 완벽하고 절대적 존재라 말할 것이다. 유일하게 어린이가 처음의 인류 그 자체에 대한 약속이었던 것처럼(파스칼, 콩도르세 등) 역사 속에서 이루어지는 인류의 창작은 실행될 수 있을 것이다.

이런 개념은 특히 19세기에 다양한 형식으로 발전되었다. 우리는 이를 오귀스트 콩트·헤겔, 그리고 마르크스의 저서에서 찾아볼 수 있다.

'시대에 뒤떨어졌어!' 라는 일반적 표현은 시간과 역사에 대한 개념 속에서 명백한 것처럼 보여지고 있으며, 사실 그때에 우리의 사고 방식은 몇 세기 전부터인 것은 확실하나 그리 오래 전부터 형성되지 않은 우리의 문화와 공존하고 있는 철학적 반성의 담금질로 형성되어졌다.

'내 입장이 되어 봐!'

▶ 언술 이해하기

이런 문장을 듣거나 말해 본 적이 없는 사람이 있을까? 너무나 명백한 문장이다. 적어도 누구나 심적으로는 타인의 입장이 되어 볼 수 있다. 그러나 그 이상 무엇을 요구할 수 있을까? 실제로 실천 단계에서 이런 간청은 이루어지지 않는다. 간청은 사람들이 망설이고 있는 동의를 구하고 있으므로, 그것이 새로 형성되는 비난이 아닐 경우에는 오히려 판단의 영역에 속한다.

달리 말해 표현은 나 자신을 비난하기 이전에 **내가 가진 관점으**로 상황을 검토하도록 요구하고 있는 듯하다. '판단하기 이전에 이해하라' 는 격언으로 좀더 개인의 사정이 고려된 약간 다른 변이 상황을 검토하도록 요구하는 것 같다.

▶ 역설 탐구하기

일반적인 의미를 이루고 있는 것을 정확히 알아낸 뒤, 지금은 그 함축적인 의미가 타당한 것인지를 파악하기 위해 심사숙고하는 것이 바람직하다. 만약 타당하다면 어떤 이유에서 어떤 근거로 타당한가? 타당하지 않다면 그건 또 어떤 이유에서인가? 그러나 이 경우, 표현이 의미를 지닐 수 있도록 해주는 것이 무엇인지를 설명하려 노력해야 할 것이다.

● 이 표현에 대한 첫번째 이해는 심리적 차원과 도덕적 차원을 이중으로 밝혀 주었다. 이 표현이나 또는 적어도 '판단하기 전에 이해하라'는 필연성을 바탕으로 행해진 모든 것에 대한 암묵적 동의는, '이해하라'는 것이 이 경우 조금도 하찮은 사항이 아니라는 사실을 은폐하고 있는 것 같다.

만약 공간적으로 장소를 바꾸는 것이 조금도 문제가 되지 않는다면, 여기서 우리는 '입장'이 공간 속의 한 점과는 다른 보다 더 복잡한 실체임을 이해하게 된다. 자기 고유의 과거에 의해 나의 것과는 상이하게 다른 인성적 특징으로, 미래를 생각하는 방식으로, 그리고 가족의 생활 방식, 특수한 직업적 생활 방식으로 그것이 내포한 것을 지니고 있는 '사람'과 연관되어 있기 때문이다. 달리 말해 내 입장에 서서 상상할지라도, 그는 내가 처한 입장이 아닌 **그가 처한 자신의 입장에** 서서 자기 방식대로만 상황을 이해할 것이다. 그렇기 때문에 고지식함이나 실수는 '허물을 벗기!' 위해… '입장바꾸기'만 하면 된다고 생각하는 데서 일어나는 것이다. 개개인에게 확고히 굳어진 것은 각자가 처한 입장으로 다시 환원되며, 오로지 각자의 입장에 의해 형성되는 것 같다.

● 인간이 아주 단순하다는 것에 대한 큰 경멸 때문에 표현은 전반적으로 효력이 없는 의미를 담고 있다. 그렇다면 또 다른 것은 뭐 없을까? 그리고 그 반대는? 그러니까 **다른 사람은 다르기 때문**에, 나는 그의 '관점'을 가지길 바란다. 즉 나는 그가 자신의 관점

을 유지하면서 내 입장에 서서 행하거나 생각하게 되는 것을 알고 싶다. 따라서 발생되는 차이는 나만이 가진 유일한 사고에 의해 형성되는 나의 입장만을 골똘히 생각지 않도록 해줄 것이다. 어찌되었건 표현에 내포된 도덕적인 측면은 우리가 이런 의미에 지나치게 몰두하지 않도록 해주고 있다. 즉 나는 있을 수 있는 비난을 물리치고 있다는 사실을 잊지 말자. 그렇다면 그런 요구의 의미는 어떤 것일 수 있는가? 분명… 그가 나를 비난하지 않도록 하기 위해, 십중팔구 상황이 나를 당황케 한 만큼 그를 당황케 하기를 바란다! 어떤 작용에 대한 심리적인 가능성들을 제외한 어려운 점들을 감추고 있기 때문에, 도덕적으로 함축하고 있는 의미는 우세한 것처럼 보인다.

▶ 사고의 흔적들

● 몇몇 거론된 난점들이 극복할 수 없는 것처럼 보일지라도, 어떤 사고뿐만 아니라 외침을 지배하는 듯한 이런 종류의 자명한 표현을 만들어 주는 것이 무엇인지를 밝힐 수는 없을까?

먼저 우리들간의 차이가 어떠하든지간에 일종의 감정적인 유사성이 우리를 연결해 주고 있다. 모든 인간은 상당수의 감정을 가지고 있다. 즉 동요·두려움·기쁨·고통·분노 등을 말이다. M. 셸러의 논문에서는 의사 소통, 그러니까 인간들 사이의 '이해'는 '~을 가지고 느낄' 수 있는 그런 능력에서부터 비롯되어 가능하다.

● 반론에 대한 생각이 맴돌며 일어날 수 있다. 그런 생각에 우리는 의사 소통에 관하여 **서로가 함께** '느끼고 고통스러워하고' 있는 건 아닌지, 동시에 각자 느끼고 있는지 생각해 볼 수 있다. 이는 진**정한 쌍방의** 만남이 무엇인지를 생각하도록 해줄 것이다. 타인과의 관계에 대한 여러 가지 해석을, 특히 상호 주관성에 대한 분석들을

재검토하는 계기가 될 수 있을 것이다.

● 의식의 특성은 타인의 '입장이 될' 수 있다고 생각하므로(지향성, 자기 반성 등), 의식하는 모든 것들에 대해서 실행하고 있는 객관적인 시각을 통해 자기 중심적 사고에서부터 벗어나게 해주는 의식의 특성을 주목해야 할 것 같다. 다른 사람은 자신이 포용하고 있는 세상에 의미를 부여하는 것처럼 단번에 인지된다는 의미에서, 유일하게 의식만이 자신을 위해서 뿐만 아니라 타인을 위해서도 상황을 **설명**할 수 있다는 사실이 덧붙여질 것이다. 그런데 나는 상황의 일부분일 뿐이다. 그러므로 내가 처한 상황과 내가 그 상황을 이해하는 방식은 또 다른 시각으로 평가되고 있다…. 그리고 나는 그런 사실을 의식하고 있다.

그러므로 우리는 '내 입장이 되어 봐!'라는 평범한 표현에서 본질적인 **인간 관계**의 **가치**와 **역할**에 대해 마지막으로 마무리지을 수 있을 것이다.

■ 무엇을 기억해야 하는가?

● 표현과 단어들이 연결될 수 있도록, 그리고 그것들만 따로 있을 수 있도록 '공백을 만든다.'

● 곰곰이 생각한다. 특히 다음 두 가지 의미가 충분히 구분되는지를 심사숙고한다.

—— 사전적 의미(들).

—— 그 뜻이 대중적이지 않다면 자주 쓰이는 일상적인 의미.

의미를 대조해 보라.

● 이야기되지 않은 것 **모두**를 명백한 문장 속에서 **표명**할 것을 약속한다.

● 최대한 많은 의미를 제시할 수 있도록 표현과 단어들을 깊이 연구한다. 상상에 의한 의미가 아니라 언어 사용으로 제시하고 있는 수많은 의미들을 깊이 조사토록 한다.

● '달리 말해서'라는 기술을 이용하고 남발하는 데 망설이지 않는다. 즉 좀더 '말하려는' 표현 방식으로 다른 표현을 이용해 재표**현하는** 데 주저하지 않는다. 표현을 바꾸어 보는 것이 **의미를 바꾸는 것은 아님을 증명**해야 할 것이다. 때문에 거기까지 가지 않아도 우리는 단순 뒤집기를 할 수 있다. ('무엇'인가, 이는 존재하는 것이 무엇인지를, 즉 그것의 실존이 무엇인지를 생각한다는 것이다.) 또는 반의어를 통해 등차 관계를 실행시켜 볼 수 있다. (출발한다. 이는 머무르지 않는다는 것이다.) 단어의 뉘앙스를 이용할 수도 있다. (머무르다, 남다, ~에 있다, ~처럼 보이다 등은 **상태** 동사들이고 출발하다, 떨어지다는 동작 동사들이다.) 또는 말하나마나 한 자명한 이치들에 몰입할 수도 있다. ('나의'라고 말하는 것은 소유 의미를 나타내는 관사를 이용하는 것이며, '내게' 일어났을 무언가에 대해 말하는 것이다.) 또는 가능한 경우에는 단어의 구성을 분석해 볼 수 있다. (증여(don)의 앞에는 용서(pardon)가 있고, 그 뒤에는 나는 준다(Je donne)가 있다. 즉 실수임에도 불구하고 그 이전에 나는 신뢰하고 있다(Je donne ma confiance).) 이런 사소한 기술들은 보다 개인적이고 우연적이며 근거 없는 '영감'에 의한 것이 아니라, 모든 이들에게 공통적으로 사용되고 있는 공동의 언어 유산이 근간을 이루고 있다는 이점이 있다.

● 몇몇의 개요와 하나 또는 여러 개의 주장이 나올 수 있도록 제시되고 있는 의미와 의도를 생각한다.

● 주장이 한 가지만 있을 경우 대조를 이루거나, 또는 그 주장을 세심하게 표현해 줄 수 있는 것을 찾아내도록 한다.

II

기적적인 것에서 본질적인 문제까지?

질문들

1. 모든 것은 돈으로 살 수 있을까?

문제 유형

이 질문은 아주 짧고 효율적이다. 특히 여기 문장처럼 '모든 것'과 '산다'는 용어가 조금의 망설임도 없이 해독될 수 있을 때, 문제와 질문에 사용된 용어들을 적당히 넘어가 버리는 효과가 있다. 따라서 '산다'는 것에 몰두해 '모든 것'을 두 부류로, 즉 물질적인 것과 그렇지 않은 것으로 나누려는 위험성이 있다. 그러나 이 질문은 '할 수 있다'라는 동사와 유기적으로 연결되어 있으며, 그 동사를 좀더 분명히 하는 것이 중요함에도 불구하고 소홀히 다루어지고 있다.

사실 의문을 나타내는 특수한 단어의 부재는 질문의 용어들을 '할 수 있다(pouvoir)'는 동사로 집중시키고 있다. 영어나 독일어와는 다르게 '할 수 있다'는 단어의 프랑스어는 상당히 다른 여러 의미들을 지니고 있다. 그 여러 의미들은 질문이 모든 의미, 또는 하나의 의미 차원에서 그 의미들을 수행하고 있는지 알기 위해 알아야 하는 것들이다.

그렇기 때문에 어떤 결과를 생성시킬 **능력이 있다**는, 그럴 소질이 **있다**는 의미에서 어떤 결과, 즉 어떤 행위를 일으킬 수 있다는 의미에서 '할 수 있다'이다. 주로 첫번째 의미와 결합되어 있기에 두번째 개념, 즉 **가능성**의 개념을 갖게 된다. 가능성의 개념은 첫번째 의미상 조작 능력이 구축되어 있기 때문에, 행위나 'x' 효과가 일어날 수 있을 것 같음을 의미하는 듯싶다. 그리고 세번째 의미는 '제가 외출할 수 있나요?'처럼 **허락**의 이치에 속한다. 좀더 면밀히 심사숙고해 보면, 이 단순한 예문은… 개념적 내용의 차원에서 그리 단순하지 않다는 것을 보여 주고 있다. 실제로 내게 외출 권한을 주는 이는 누구인가? 앞으로 열거하게 될 모든 구체적인 경우들은 우리에게 금방 정보를 주었을지도 모를 단어 그 자체와 우리를 다시 연결지을 것이다. **권한은 허가받은 것이기 때문이다.** 그러나 권한들은 서로 다른 성질들을 지니고 있다. <u>무질서한 나열을 탈피하기 위해서 영역별로, 예를 들어 '낮은 곳에서 높은 곳'으로, 즉 가장 보잘것 없는 상대적인 단계에서 가장 절대적이고 상승된 단계로 진행해 보자.</u>

첫번째 권한은 분명 그것이 무엇이든지간에 어린이가 접하는 권위, 즉 성인이다. 그리고 나서 우리는 직업적인 권한을 가지게 되고, 그 권한이 주어지는 **사회적** 지위와 다소 긴밀한 관계를 이루게 된다. 그 위에서 그것들을 지배함으로써 **정치적** 권한과는 다소 독립적인 **법적** 권한을 가지게 된다. (모든 것은 사람들이 관계하고 있는 정치 개념에 따라 달라진다.) 또 다른 면에서 우리는 **도덕적인** 권한을 상기하게 된다. 그것은 문화적 배타주의로 축소되지 않을 경우, 순응해야 하는 보편적 가치를 통해 관습에 있어서와 마찬가지로 법칙에 있어서도 국가와 사회보다 우월할 것 같은 권한이다. 동일한 사고 방식으로 **신의** 권한은 주어진 문화에 적합한 어떤 종교적 외형을 초월한다는 범위에서만 우월할 수 있을 것이다. 따라서 비종교적인 이런 권한은 **절대자**를 근거로 하기 때문에 철학적으로는 **추상적**일 수 있다. 그러므로 절대자가 칸트 유형의 형이상학을 부정하면서 어떤 도덕을 규정한다고 가정하면(칸트, 《도덕형이상학 기초》), 우리는 도덕 속에서 절대자를 찾아낼 수 있다. 도덕의 절대적 필요성은——단어 의미상 정언적 명령——이성을 부여받은 모든 존재가 스스로 자신만의 본질에 맞게 존재토록 요구할 수 있어야 하는 명령 자체이다. 따라서 요약해 보면 세번째 의미는 사람들이 무의식적으로 생각하고 있는 것이 도덕적인 관점은 아닐지라도, 권한의 또 다른 유형들은 소홀히 되지 않아야만 한다는 것을, 어찌 되었건 확실히 선험적이지 않다는 것을 고려했다면. '사람들이 할 수 있다'는 것을 '사람들은 ~할 권리가 있다'는 것으로 대체시킴으로써 쉽게 이해될 수 있을 것이다.

용어 분석

'모든 것' 이란 단어는 명확하지 않은 큰 단점을 지니고 있다. 거기다 특정한 열거들을 이해하지 못한다는 것은 생각할 수 없다. 우선은 현실 세계를 유형별로 생각해 보자. 그리고 나서 우리의 유형론이 가능한 현실 세계 전체를 '포함하고' 있는지 알기 위해 이러이러한 것, 즉 자유분방한 사람이나 평범한 사람이 알아본 것들 가운데 이것 또는 저것에 위치하고 있는지 확인해 보자.

또한 우리보다 앞서서 똑같은 문제에 직면했던 다른 사람들의 경험을 유용하게 이용할 수 있다. 아리스토텔레스를 생각해 보자. 그는 타고난 본래의 현실 세계와 인위적인 만들어진 현실 세계를 처음으로 구별하였다. 전자는 현실 세계의 이동 원리와 존재의 원리를 지니고 있으며, 후자는 현실 세계의 실재와는 무관한 또 다른 현실의 원리를 지니고 있다. 이런 설명은 판매될 수 있는 설명이 가진 **능력**과, 설명들을 구입할 **권리**에 대해서 심사숙고해야 할 정도로 매우 소중할 수 있다. 거기서 우리는 도덕적 관점에서 중요한 **자율성**의 행위와 **여건**의 행위를 보게 된다. 무엇을 근거로 해서, 특히 도덕적 관점에서 주어진 것과 자율적인 것을 팔거나 살 수 있는 권리를 결정하는가? 질문을 설명해 보자. 사람들이 숨쉬고 있는 공기를, 또는 어떤 동물의 자율성이 원래의 환경 속에서 살 수 있도록 해주는 공기를 어떤 권리로 구매해야 하며, 남자·여자·어린이 중에서 누가 더 그러한가?

● 좀더 구체적으로 살펴보자. 타고났거나 만들어진 현실 세계, 아리스토텔레스는 거기서 물리적으로 구체적이고 현존하는 현실 세계에 대해 말하고 있다. 그렇다면 그러한 현실 세계들만 있는 것인가? 인위적인 존재와 마찬가지로 자연적 존재는 **변화**를 내포하고 있다. 그것은 고대 철학자들이 비존재로 규정했던 것으로 아직도 존재에 속해 있지 않다. 그러니——미래의 문제가 결코 변화하지 않는다는 것을——누가 알고 있겠는가? 사람들은 변화, 즉 미래를 살 수 있을까? 내가 곧 만들 영화나 소설은 현재 만들어져 있지 않은 것으로 부재하며 실존하지 않는 것이다! 내가 보고 있는 '도면상의' 집이나… 상당한 액수가 필요할 거라 파악하고 있는 자금은 어떤가? 이런 모든 것은 예상할 수 있는 우리의 능력을 바탕으로 이루어진다.

● 좀더 깊이 살펴보자. 과거·현재 또는 앞으로 다가올 미래의 <u>시간적</u> 현실 세계를 일시적으로 가질 수 있는 것은 어떠한 <u>공간적</u>

현실 세계도 가질 수 없다. 즉 품성, 감정, 지식과 능력, 사고, 활동, 물리적 상태 등이 돈으로 살 수 있는 것일까? <u>실제로</u> 사람들이 그렇게 할 수 있을까, 그리고 그렇게 해야만 하는가?

구매한다는 것은 무엇인가? 만약 구매를 한다면, 그것은 누군가가 판매를 하기 때문이다. 다시 말해 여기서 동사는 교환 활동을 지칭하고 있다. 그렇다면 모든 종류의 교환을 의미하는 것인가? 물론 아니다. 분명 상호 증여, 의사 소통, 그리고 공유 등이 있기 때문이다. 따라서 여기서는 **매매 교환**에 대해 논하고 있음을 강조하는 것이 바람직하다. 사람들은 그 특성을 정하려 애쓸 것이다. 화폐, 교환되는 실재의 가치에 대한 (수)량적인 측면, 그 실재를 대체시킬 수 있도록 하기 위한 규격화, 그리고 가격 결정에 따른 모든 문제, 즉 실재의 본질에 대한 상대적 가격은 얼마이고, 교환자의 욕구에 따른 가격은 얼마이며, 시장 가격은 얼마인가 등에 대해 말하고 있다.

실제로는 모든 것이 돈으로 살 수 있을 것처럼 보인다. 축구 선수와 인간의 노동, 공기, 교육, 사랑, (인질극과 공갈 협박으로 인한) 불안, 희망, 꿈 등.

스쳐간 생각들

● 그러므로 우리는 한쪽의 물질적인 실생활과 다른 한쪽의 보다 정신적이고 비물질적인 실생활 사이에는 실질적인 분열이 일어나지 않을 것이라 생각하고 있다. 그 유명한 '시장의 법칙'과 가격 결정조차도, 그렇게 말하고 싶지는 않지만 감정적(두려움, 예측되는 만족감, 반항 등)으로 이해해야만 한다. 그러므로 매매 교환은 처음부터 끝까지, 소위 '매우 구체적인' 것으로 이야기되는 물질적

현실을 조금도 근거로 삼지 않을 수 있다. 구별은 다른 곳에서 일어난다. 오히려 모든 문제를, 즉 영향력의 문제를 말하고 있는 중심 용어 속에서 구별될 것이다.

● 우선 모든 것을 살 수 있는 능력에 속하는 것 모두를 통합해 그런 능력의 가능 조건들을 검토할 것이다. 그 가능성의 조건들이 무엇으로 구성되어 있는지, 뿐만 아니라 그것들의 가치는(그것들이 타당한가?) 무엇인지를 검토할 것이다. 그리고 나서 그것들의 원리와 정당성에 의문을 가질 것이다. 그때부터 이런 정당성 자체의 합법성에 대한 문제, 즉 철학적이고 도덕적인 관점을 논의할 수 있을 것이다. 이런 면에서 볼 때, 두 가지 연구 방향이 진행되어야 할 것이다. 첫번째는 소위 '자유롭다'는 철학자들의 연구 방향이다. 그들은 18세기부터 각자의 개인적이고 이기적인 관심이 인간의 삶을 지배하는 근본적인 논리학을 구성하고 있다고 생각해 왔다. 충동은 규탄받기는커녕 반대로 인간 관계를 규제하는 조절 장치로 인정받고 있다. 그러므로 상품 교환은 모든 교환의 모델이 된다. 그리고 두번째는 인간의 다양한 측면과 또한 그와 관계된 다양한 모든 면에서, 인간이 도덕적인 관점으로는 절대 하나의 상품, 수량으로 나타낼 수 있는 실재, 수단이 될 수 없다고 보는 연구 방향이다. 여기서 우리는 루소와 칸트 그리고 마르크스가 보여 준 기여를 생각하게 될 것이다.

● 끝으로 조금은 놀라운 역설을 생각해 보아야 할 것 같다. 이 두 방향은 대조를 이루면서도 똑같은 원리, 즉 인간의 자유를 바라고 있다. 어떤 이들에게는 주로 이해 관계의 지배를 받는 개인의 자유가 중요하다. 개인의 자유는 인간들 사이에서 자연스럽게 자기 조절을 생성해 내는 것으로 밝혀지고 있다. 또 다른 이들에게서는 모든 인간에게 진정한 인류의 중요성을 일깨워 주는 자유가

중요하다. 그런데 유일하게 권리, 즉 도덕성에 관한 절대적 요구들 (칸트 철학의 의미), 그리고 역사 속에서 인간의 대립만이 자유를 확대시키고 드러내 보이며 만들어 낼 수 있다. 자유는 인류의 정복 이자 의무이기 때문이다.

2. 예술은 현실 세계를 벗어나 있다고 주장하는 일이 올바른 것일까?

문제 유형

이 문장에는 제시된 하나의 명제가 분명히 들어 있다. 사람들은 우리에게 그 명제의 올바름, 즉 명제의 합법성에 대한 관점을 지니고 그 명제를 평가하고 판단하도록 요구하고 있다. 다른 말로 예술이 현실 세계를 벗어나 있다고 말하는 것이 옳은 것일까? 그것이 정당할까? 따라서 문제 유형은 여기서 명제를 검토하고, 그것에 대한 토론 가능성들을 연구하도록 요구하고 있다.

용어 분석

● 예술은 현실 세계를 벗어나 있다. 이 표현을 이루고 있는 모든 구성 속에서 진술의 의미를 더 잘 이해하도록 해주는 적절한 용어들을 소홀히 하지 말자. 예를 들어 '벗어나 있다'는 동사는 '멀리 떨어져 있다'는 동사보다 더 강한 의미를 지니고 있다. 뉘앙스는 비난은 아닐지라도 폭로하는 특성을 지니고 있는 듯하다. 사람들은 예술이 현실 세계에 속하지 않는다고 비난한다. 긍정적 가치,

그것은 현실 세계이다. 따라서 그것은 현실 세계에 부합되고, 그 기준에 따라 존재하는 것이다. 단어 속에서 활동하고 있는 함축적 의미를 한 번 더 명확히 해보면, **현실 세계를 벗어나 있기 때문에 예술은 도피 행위인 것 같다**. 예술가에게 습관적으로 하는 무언의 비평들이 바로 여기서부터 이해될 수 있을 것이다. 허약함, 현실 세계에 맞서기보다는 상상 세계로 도피해 버리는 비겁함, 억압되지 않은 '여성의 감수성…', 이런 묘사는 공격적인 남성다움에 대한 단순한 도식에 해당되지 않는다. 공격적인 남성다움은 감정도 미묘한 감정 차이도 없이 모든 행동과 감정을 표출하는 것으로, '남자란 무엇인지'를 정의하고 있다고 여겨지므로 남성으로 이해되고 있다. 설령 그 이유가 예술가가 남자와 여자로 구축된 사회 모델에 순응치 못하기 때문이라 할지라도 예술가는 저주받고 있다.

● 우리는 아직도 그 표현을 '말하게 할 수' 있을까? 방향 전환(détournement)이란 명사를 보자. 이 명사는 동사 속에서 덜 명백하기는 하나 보충적 사고를 이끌어 내고 있으므로 충분히 교훈적이다. 실제로도 사람들이 '돈의 횡령(détournement)'에 대해 말할 때, 또는 '테러리스트들에 의한 비행기 납치(détournement)'에 대해 말할 때는 돈에 대해, 그리고 비행기에 대해 일반적으로 예상한 사용 목적이 불투명한 결말로 변질되었음을 뜻한다. 본래의 사용 목적은 좋았으나, 이를 계승하고 다다르게 되는 또 다른 최종 사용 목적은 나쁜 것이다. 그러므로 예술은 우리 존재가 타락하도록, 비정상적인 다른 방향으로 나아가도록 우리 인간을 그 근본적인 사용 목적에서부터 빗나가도록 할 것이다.

● 왜 부정적인 종결인가? 우리들 존재에 대한 처음의 사용 목적이 자연스러우면서 동시에 문화적이기 때문에 우리의 본질을 통해 제시되는 것이라면, 예술은 자연과 사회(현실 세계)의 법칙에 따

르기보다는 다른 목적과 '다른' 종말 쪽으로 관심을 '돌리고 있는' 우리의 본질에 맞는 도약을 하는 데 어긋나고 있다.

정상적인 것이 현실 세계라면, 그리고 **현실 세계가 자연과 사회**라면, 여기서 **자연과 사회는 비정상적인** 것과 예술가들이 언제나 지극히 '정상적인' 사람들은 아니라는 대중적 인식의 개념과 근접한 **예술의 특성을 보여 줄 것이다.**

이런 초기의 접근 이외에 현실 세계에 대한 용어는 또 무엇을 지칭할 수 있을까? 목적 그 자체를? 감정과 사고를? 우리는 현실 세계가 있음을, 게다가 똑같은 현실 세계에 대해 말을 한다고 가정하면 그것에 대한 평가는 다양하리라는 것을 예측하고 있다.

스쳐간 사고들

▶ 명제 탐구하기

● 우리가 사회적·전문적 현실 세계를 또는 단순하게 실제적인 현실 세계를 실제로 이해하고 있다면, 그 세계에서 움직인다는 것은 극도로 다양하고 세부적인 면들, 즉 물리적·심리적·정신적인 면들에 대해 매순간 주의를 요하면서 여러 가지 요구 사항에 주의하고 있음을 전제로 하는 것이 사실이다. 옷을 입고 말하고 먹는 것 등은 상황이나 대화자에 따라 달라지는 것들이다. 그러므로 예술이 음악·문학·영화·회화 등과 관련되어 있을 경우, 예술은 잠깐의 순간이 될지라도 이런 모든 요구 사항에 부응하도록, 현실 세계에서 체험하는 모든 압박과 현실이 복종하고 있는 모든 압박감들을 감내하도록 더 이상 강요하지 않는다. '차치하게 되는' 예술은 이런 의미에서 **현실 세계로부터의 도피** 행각이다.

● 실제로 우리가 물리적 현실 속에서 자연·동물·인간·집, 그

리고 모든 종류의 물질들을 그 자체로 파악하고 있다면 예술은 그 것의 표현일 뿐이다. 현실에는 배우와 장식만이 있고, 예술에는 상황과 가공의 인물들, 그리고 직물에 물들여진 색깔 자국, 또는 조각된 나뭇조각 등을 상기시켜 주는 단순한 표현들이 인쇄되어 있을 뿐이다. 엄밀히 말해 **외관과 그것을 바탕으로 한 행동**만이 있을 뿐이다. 때로는 '진짜 현실 세계'에 대한 환상을 갖기 위해 가장 위대한 기술적인 기교를 이용하는 일도 중요할 것이다. 그러한 관점에서 '실물이라 착각할 정도로 사실적으로 그려진' 그림은 의미가 있다. 그리고 진짜 현실 세계가 일시적이고 한정적·상대적이며 느낄 수 있는 현실 세계를 구성하고 있기보다는, 오히려 진·선·미에 대한 영원한 개념이 구성하는 것 같은 절대자에 대해 연구할 때, 플라톤에게 있어 예술은 이중의 환상이며 **방향 전환**이기조차 하다. 실제로 전술한 현실 세계를 표현하고자 애쓰는 예술은, 단지 진정한 현실 세계라는 것을 엷게 반영하고 미비하게 겉모습만을 형성한 것을 표현하고 있을 뿐이다. 따라서 예술은 여러 가지 겉모습들 중의 하나이다. 그것은 우리를 진리로부터 두 배는 동떨어져 있도록 만들며, 우리의 시선과 관심·욕구가 좋은 측면으로 발휘되지 않도록 하면서 우리에게 진리를 단념시키고 있다. 그런 방법으로 우리는 분명 진리에 무심해 있다. 그러므로 우리의 영혼 속에 자리하고 있는 욕구의 유일한 진짜 대상인 진·선·미에 대한 올바른 연구를 하도록 이끌 수 있는 것은 바로 예술이 아닌 철학이다.

● 느낄 수 있는 현실이 우리에게 행사하는 영향력을 주로 그런 방법으로 고발하는 것이 플라톤에게 중요하다면, 루소의 저서에서 하나의 사회가 점점 더 발전시킬 수 있는 현학적인 기교들이 오로지 인간의 본성 중 가장 아름다운 특징들을 인간으로 하여금 타락시키도록 이끄는 경우, 비난하기 좋은 것은 오히려 상징 속에 담겨

져 있는 표현의 성향이다. 그런데 예술은 특히 **퇴폐**를 묘사하고 있
다. 여기서는 루소의 분석을 읽거나 재검토할 필요가 있다. 우리들
이 지니고 있는 보다 더 아름다운 감정——연민·너그러움 등——
은 존재하지 않는 자들…에 관해 그 감정의 가장 강렬한 부분들을
표출해 내고 있다! 반면 진짜 불행이 우리와 다소 비슷한 실제의
사람들에게 닥쳐올 때, 우리는 그 불행을 인식하지 못하거나 또는
그 불행에 조금도 동요하지 않는다. 우리를 유혹하던 매력을 불행
속에 불어넣어 주기 위해 예술가가 존재하는 것은 아니기 때문이
다. 또한 감정의 분출과 감정적 능력은 단순히 표현될 때 갑작스
럽게 표출되어도 완전히 고갈되지 않음을 알 수 있을 것이다. 타인
의 불행을 실제로 구원해 주는 것보다 의자에 자리잡고 앉아 우는
것이 더 편안하다는 사실이 심적으로 미화되고 있으므로, 예술은 단
순한 방향 전환에서부터 표현의 가장 나쁜 의미까지 지닐 수 있도
록 기여하고 있다. 예술은 눈에 띄는 묘사 기법들을 이용해 우리가
현실 세계보다는 현실 세계에 대한 **생각**을 쉽게 선호하도록 만들고
있다. 예술은 인간이 근거 없는 투영과 여러 사람들이 뛰어난 솜씨
로 다루고 있는 감정적 종속을 비어 있는 환상 속에 교묘히 삽입토
록 유도하고 있다.

회피, 외적인 순수한 활동과 환영, 속임수, 그리고 비뚤어진 노선
전환은, 논거 정립의 발전에 따라 예술이 현실 세계를 벗어나 있다
는 생각을 하나의 명제에 근거하지 않고 여러 명제에 근거해 정당
화시킬 수 있을 것이다.

▶ 반대 명제 연구

이런 모든 기교와 재능의 전개가 실제로는 현실 세계를 그만큼
더 잘 이해할 수 있도록 해주는 데 진정한 목표를 두고 있었다면?

　여기서 이 질문은 다음에 제시되는 개념 때문에, 즉 예술은 현실 세계를 벗어나지 않는다는 생각 때문에 조금 전에 이야기했던 것을 분명히 말해 줄 수 있다. 따라서 선행된 것은 정말로 부정되지 않으며, 그리고 그 뒤를 잇는 것은 사람들이 방금 이야기했던 것 모두를 모르고 있을 거라는 의미에서 선행의 것과 나란히 병치되지는 않을 것이다.

　● 그러나 우리는 어떤 현실에 관해 이야기하고 있는가? 베르그송은 이 의자나 저 나무에 대해, 물을 따르고 있는 여자 또는 카드 놀이를 하고 있는 남자들 등에 대해 이야기할 것이다. 달리 말해 **예술가가 없었다면**, 우리는 이런 현실에 접근하지 못했을 것이다. 사실 우리의 생활 방식은 우리를 둘러싸고 있는 세상에 대한 선택적 인식을 통해 지배받고 있다. 사물과 존재에 대해서는 사람들이 부여하고 있는 실질적 기능만을 기억하고, 우리 사회가 그(것)들에게 부여한 사회적 지위와 문화적 의미만을 기억하기 때문이다. 다른 표현으로 보자면 우리는 그것들을 볼 때마다 그것들을 훼손된 상태로만 인식하고 있다. 어떤 것들은 우리의 관습과 협약, 그리고 문화적 상징 속에 어떠한 흔적도 남기고 있지 않으므로 예술가의 시선을 받지 않은 상태에서는 어떠한 실재도 가지지 못할 수 있다. 그러므로 낡은 구두 한 켤레, 손과 같은 이런 것들을 우리에게 드러내 보여 주는 것이 바로 예술이다.

　이러한 분석들을 헤겔의 분석들로 보충하고, 예술이 점점 사라져가는 실재에서 그런 하찮은 현실, 즉 중요하지 않는 세부 사항을 끄집어 내고 있음을 유의해 의미와 가치를 분석에 부여해 주면, **예술은 현실에 대한 어떤 접근 유형을 실제로 증명할 수 있을 것이다.**
　그러므로 **예술이 어떤 현실 세계에 대한 접근**을 제시하고 있다는 생각을 하려면, 심도 있게 연구한 명제들 속에서 이미 검토했듯이 현실과 동떨어져 있는 상태에서 예술이 어떻게 우리와 연결되는지를 분석하는 편이 좋을 것 같다.

● 헤겔이나 하이데거의 분석을 바탕으로, 반 고흐나 세잔 같은 화가들의 분석을 바탕으로 또는 다른 예술가들·음악가들·영화인들·코미디언들·무용인들 등의 분석을 근거로 해서 **감각의 실체를 보여 주는 것**, 즉 모든 의미에 형체·형식·소리·색깔·크기를 부여해 주는 일은 중요하다고 설명할 것이다. 그러한 의미의 감각적·물리적 그리고 소위 구체적이라는 현실은 해석할 줄 아는 영혼의 진짜 현실 세계를 향한 계기가 될 뿐이다. **우리의 해석도 현실 세계에 제시되며, 또는 그것이 일관성 없이 제시되고 있다.** 그런데도 이런 견지에서 예술은 끊임없이 의미를 생성해 내며 의미를 새롭게 하고 있다. 예술이 서로 다른 매우 명확한 카테고리로 구성되어 있는 실질적·실용적·의례적인 삶이 제공할 수 없는 모험·단절, 점진적인 변화와 연합을 우리에게 제시하고 있기 때문이다. 아름다움은 엄밀히 따져 조금도 필수적인 요소가 아니다. 그것은 생명 유지에 필수적인 것도 아니며, 사회적·지적이지도 않은 것이다. 그러나 오스카 와일드는 어떤 사물의 미적인 면을 보아야 아름다움이 생활 속에 생겨난다고 지적하고 있다. 따라서 "오늘날 사람들이 안개를 아는 것은 안개가 있어서가 아니라, 화가와 시인들이 사람들에게 신비스러운 매력을 지닌 효과를 가르쳐 주었기 때문이다. 분명 런던에는 수 세기 전부터 안개가 있었다. 그러나 누구도 그것을 알지 못했다. 그래서 우리는 그것에 대해 아는 바가 없었다. 예술이 그것을 만들어 내지 못했던 동안에 구름의 존재는 없었다."

물론 반대 명제 또한 여러 개의 명제를 함축하고 있다. 그럼에도 불구하고 예술은 결국 일부 어울리지 않는 현실을 모두 재이해하면서 **감각의 현실 세계** 쪽으로 이끌기 위해, 우리의 존재와는 근본적으로 다른 밋밋한 인간에 관한 실질적인 근거도 없이 일부 훼손된 현실 세계와 우리를 갈라 놓고 있다고 분명히 말할 수 있을 것이다.

　이런 면에서 볼 때 예술은 **기호**이자 **해설**이고, 인간 존재를 가장 놀라게 하는, 즉 '세상 속에 있다'는 근본적인 현실 세계를 **끌어들이려 애쓰는 해설 교류**이다.

3. 법의 준수가 합법적으로 정당한가?

문제 유형

　문장이 단순해 보이는 이 표현을 주의 깊게 살펴보자. 표현의 몇몇 용어들이 복잡하고 모호한 듯 보인다. '합법적으로(légitime-ment)'와 '정당한가(être fondé)'라는 표현 용어가 그러하다. 어떻게 해야 하나? '합법적으로'는 형용사 '합법적인(légitime)'으로부터 만들어진 부사이다. 따라서 부사는 동사 '정당화하다(fonder)'를 수식하고 있다. 그러기에 이런 수식——합법성——이 동사——정당화하다——에 일치될 수 있는지를 아는 것이 중요하다고 생각할 수 있다. 우리에게 주어진 것, 그것은 정당화하는 것이 합법적인가…의 문제이다. 동사의 형식이 수동형에서 능동형으로 바뀌면서 주어는 직접 목적보어가 되고 있다. 정당화하다… 무엇을? 법의 준수를. 그러나 우리가 말하고 있는 이 능동형의 표현에서 주어는 무엇인가? 법의 준수를 정당화하는 것이 합법적인지를 생각해 보는 것, 그것은 어떤 절차(들), 어떤 권한(들)이 합법적인지 물어보는 것은 아닐까? 달리 말해 우리는 질문의 주어, 즉 문장 그 자체를 지시하지 않는 막연한 주어를 밝혀야 할 것이다! 법을 준수하는 것을 합법화해 주는 것은 무엇인가? 법을 준수해야 하는 합법성은 어디에 있을 것인가?

용어 분석

질문의 핵심을 이루는 세 용어가 실질적으로 투명했다면… 우리는 질문을 좀더 명백히 이해할 수 있었을 것이다! 그런데 그렇지 못하다.

그러므로 음식을 만들기 전에 필요한 도구와 요리 재료들을 탁자 위에 꼼꼼히 준비해 두는 요리사처럼, 질문 전체에 대한 분석에 들어가기 전 약간은 준비 작업을 해야 한다.

● 법 준수: 권한에 대한 개념, 다시 말해 부모의 권한, 교사와 판사 등의 권한에 대한 개념이 준수라는 용어와 함께 갑작스럽게 생각난다. 여기서는 지금 법에 대해 말하고 있다. <u>완전히 똑같은가?</u> <u>아니다. 왜 그런가?</u> 차이는 무엇 때문인가? 법규는 '준수'라는 용어를 단번에 생각나게 해주었던 것보다도 더 추상적이고 모호하며, 개인의 입장을 떠난 객관적인 권한을 나타내고 있다.

● 준수를 말하는 사람은 또한… 불복종을 말한다! 그 어떤 권한에도 불복종한다는 것은, 그것을 피하고 그것을 따르지 않는다는 것이다. 이것은 가능해야만 한다. 그렇지 않으면 더 이상의 질문 제기는 없다. 그러므로 이런 일은 필연적으로 불가피하게 요구된다.

그렇다면 '법'이란 단어를 검토해 보자. 법을 준수하는 데 있어 문제가 발생되지 않는——또는 발생되는——법규가 있을까? 내가 지키고 있는 자연법, 예를 들어 중력에 대한 법칙을 생각할 수 있다. 내가 그것을 피할 수 있을까? 한 마디로 답하자면 그렇다. 피할 수 있다. 예를 들면 나는 기술적인 방법들을 이용해 하늘로 상승해 날 수 있다. 따라서 여기서 복종한다는 것은 오히려 순응한다는 의미이며, 달리 말해 우리 의지에 달려 있는 것이다. 그러나 <u>어찌되었건 우리는 아무것도 망각하지 않기 위해 부정 대답을 찾아보자.</u> 어떤 자연 법칙들은, 예를 들어 숨쉬기는 피할 수 없는 것이다. 그 점에서 나는 자연의 법칙을 숙명적으로 따르고 있으며, 강요받고 있다.

최후 수단들을 심사숙고하도록 부추기기 위해 논쟁의 시도가 야기하는 것을 조사해 보자.

● 순응하고 강요받는 이런 용어들은 자유의 개념과 상반되는 용어들이다. 실제로 자유의 개념은 어디에 있는가? 나는 실제로 '꼼짝도 하지 않고' 있다…. 그러나 상상 속에서는 그 무엇도 내가 필연적인 현상이 아닌 다른 것을 생각하는 데 방해할 수 없다! 경우에 따라서… 나는 그 다른 것을 더 좋다고 생각하기도 한다. 달리 말하자면 나는 현재 존재하고 있는 것으로부터 벗어나도록 해주는 마음속의 상상력 이외에, 존재해야만 하거나 존재할 수도 있을 것을 평가하는 가치 판단을 마음대로 사용하고 있다.

이번에는 '법의 준수'와 관련해 해석하기 어려운 두 용어에, 즉 '합법적으로 정당한' 이란 표현을 논의해 보자. '용어에 밀착해' 해독해 보자.

● **합법적으로**(légitimement): 똑같은 방식으로 시작하는 어떤 단어들이 내게 더 많은 '말을 해줄 수 있을까?' 입법(législation), 국회의원 선거(élections législatives), 법률을 제정하다(légiférer), 법의

학자(médecin légiste), 적법한(légitime), 적법성(légitimité) 등 이 모든 것들은 한 국가의 법, 즉 헌법을 참조하고 있는 듯하다. 그것은 또한 우리가 권리라고 부르는 것으로 법과 유사한 개념이다. 이런 의미에서 질문의 단어를 바꿔 보고, 발생되는 것을 살펴보자. 그때 우리는 언술을 재표명할 수 있을 것이다.

법의 준수는 법규에 부합하는가? 약간은 반복되는 듯하다…. 법은 지키기 위해 만든 것이라고 말하고 싶다! 그러니까 법을 지키는 것은… 법규에 합당한 것이다! 아마도 마지막에 언급된 두 단어 덕분에 곤경에서 벗어날 수 있을 것이다. 사실 '정당화된다'는 의미에서 무언가 합법적인 것에 대해 말을 할 수 있기 때문이다. 따라서 '그런 분노를 정당화해 줄 수 있는 것은 아무것도 없다'라는 표현은 '정당한 이유가 없다'는 것을 전제로 하고 있다. 즉 '타당한 이유' '정당한 이유'는, 달리 말해 법적인 관점에서 타당한 이유가 없다기보다는 도덕적인 관점에서 정당한 이유가 없다는 것을 의미한다. 어찌되었건 이유는 도덕적일 것이기 때문에 그래서 '타당치' 않다.

● '정당한(fondée)': 우선은 어원학적인 근원이 되고 있는 '토대(fond)'란 단어를 생각해 보자. 상자의 바닥과 관련이 있다거나 혹은 바다 밑과 관련이 있다면, 그것은 사람들이 최종적으로 이르게 되는 것인 동시에, 그외의 모든 것이 근본으로 삼고 있는 것이라는 생각을 하게 된다. 만약 토대가 '흔들린다'면 더 이상은 아무것도 '고정되지' 않을 것이기 때문이다. 이것이 제시하는 것을 살펴볼 수 있도록 질문의 첫번째 요소를 바꾸어 보자. 법의 준수를 '이행하도록 하거나' '이행할' 수 있게 해주는 '토대'가 있는 걸까? 그리 나쁜 질문인 것 같지 않다. 그러므로 연구해서 좋은 점을 계산해 보도록 하자.

어원적 근원은 또다시 두 명사를 내놓고 있다. 기초(fondation)와 근거(fondement). '기초'는 창설·신설한다는 개념을 가리킨다. 언술 속에 단어를 대체시키면서 확인해 보자. 그러면 질문은 다음과 같이 된다. ('합법적으로'라는 단어를 대신해) 우리는 법의 준수를 창설할 권리를 가지고 있는가? 어떤 질문, 즉 어떤 요구를 하는 것이 도덕적으로 바른가? 법의 준수를 '신설해야' 하는 어떤 '타당한 이유들'이 있을 것인가? 이는 의미가 있으니 계속 연구해 보도록 하자. '기초'라는 단어는 또한 복수형으로도 사용된다. 복수형(fondations)은 집의 기초 공사를 의미하는 단어로 사용되고 있다. 사실 우리는 이 단어에서 '토대'라는 단어로 논의했던 것을 다시 생각해 볼 수 있을 것이다. 모든 건축물은 토대가 있으며, 상당한 기초 공사 덕분에 추상적인 관점만큼이나 구체적인 관점(깊이·지대 등), 즉 '상상으로' 그린 도면을 '가지고 있다.' 결국 다른 명사, 즉 근거와 연결된다는 생각은 우리로 하여금 이 단어에 속해 있는 것 모두가 '지닐 수' 있는 '충분히 타당한 증거'를 참고하게끔 만들고 있다. 어떤 기술적인 이유들이 법의 준수 사항을 창설하도록 제시될 수 있다면, 우리는 전반적인 차원에서 일어난 그 요구 가치가 이루어지지 않았다는 것을 느낄 수 있다. 그러므로 가장 곤란한 점을 검토해 보자.

● **따라서 정신적인 검토는 필수적인 것 같으므로 우리는 그것**이 전적으로 실질적인 영역에, 즉 '실용적인 이유'가 되리라고 결론내릴 것이다. 우리 각자에게 완전한 고독이란 존재하지 않으므로 '함께 사는 것'이 살기에 편안할 거라 주장할 경우, 규칙과 그 규칙을 지키는 필연성이 요구된다고 이해하고 있는 한 '세상 사람들이 똑같이 행했다면'이란 유명한 논거는 배제될 가능성이 있어 보인다. 게다가 심리적 차원의 검토는 제한의 필요, 즉 금지 사항이

필요하다는 사실을 토대로 법 준수를 정당화하고 있으므로, 기준이 없을 경우 정신 현상이 드러내 보이는 불안에 직면했을 때 또한 배제되는 것 같다.

사실 이런 두 경우에, 즉 실질적인 필요성이나 안전에 대한 욕구가 있는 경우, 이런 요구 사항들이 충족되는 순간 어떠한 법규라도 정당성을 증명할 수 있게 될 것이다.

결국 배제해야 할 이유들에 대한 검토가 우리를 향상시켜 주었다. 처음에는 정신 체계의 이유가 말하고자 했던 것을 정면으로 접근할 수 없는 무능 상태에 있다고 느꼈으므로, 정신 체계의 이유가 아니었던 것부터 시작하기를 선호했다고, 즉 '은연중에' 있는 것처럼 그 윤곽을 형성하기를 선호했다고 인식해야 한다. 따라서 질문은 이제 다음과 같이 된다.

법의 준수를 정당화할 수 있는 모든 것을 초월하고, 전체적으로 명백하며 가장 정신적인 조건(들)은 무엇일까? 신일까? 자연일까? 물론 이것들은 모든 인간의 상대성 위에 있는 듯하다. 신과 자연은 자신들이 지니고 있는 탁월성 때문에 분명 그 어떤 이의 제기를 받지 않고 있음에도 불구하고, 인간에 관한 열정적인 이해를 지닌 영도자임을 분명히 인식할 필요가 있다. 물론 우리는 여기서 이것을 좀더 설명할 수 있을 것이다. 더욱이 권한은 항상 자신과 관련된 어떤 외재성을 제시하고 있으므로, **이중성은 절대적으로 합법적인 것처럼** 인식되고 있는 자신의 모습에 **균열이 생겨 갈라지게** 해서 이의를 제기할 가능성이 일어날 수 있도록 관념적인 틈새를 가지고 있는 것처럼 보인다.

따라서 인간 그 자체 속에서 보편적이고 도덕적인 요구 사항을 발견해야만 한다. 인간은 타인에게서와 마찬가지로 자신 속에도 모든 인간을 존중하는 법칙을 스스로 따르고 있기 때문이다. **법규를 지어내고 그 법규를 지키고 있으므로 인간은 오로지 자기 자신의 말만을 따르고 있다.** 그러므로 그는 자유로운 상태에 있으며, 바로 거기에 인간의 힘과 존엄성이 존재하고 있다. 물론 "각각의 인간은 인간 조건에 대한 전체적인 형식을 마음속에 담고 있다"라는 몽테뉴의 아름다운 문구를 우선적으로 생각해 볼 수 있지만, 여기서는 오히려 그 문구를 적절히 제공할 수 있도록 루소와 칸트에게 관심을 쏟아야 할 것이다.

● 따라서 합법적으로 타당한 법의 준수는 인간의 자율적인 의지를 기반으로 하고 있음이 틀림없다. 인간의 자율적 의지는 스스로 그 끝을 정할 수 있고, 그리고 이성적으로 분명히 밝혀졌기에 모든 인간에 대한 무조건적인 존중으로 법을 완성하고 있다. 인간의 자율적인 의지를 통해 공포된 법규 안에 자율적인 의지의 끝이 있으므로, 여기서 **법의 준수는 곧 자유다.** 그러므로 자유는 법을 따르는 데 있어 유일하게 타당한 근거가 되는 것 같다.

4. 인간은 무엇으로 자연 속에 특별한 공간을 점령하고 있는가?

문제 유형

이 질문은 문장도 길며, 인간이 자연 속에 특별한 공간을 점령하고 있다는 하나의 명제를 전제로 형성되었다. 이 명제에 대해 제기되는 질문이 있다. 나는 무의식적으로 인간도 다른 동물들처럼 자연 속에 존재하며, 예외는 아닐지라도 자신이 우월하다고 생각하는 것은 잘못이라고 분명히 말하고 싶기 때문에 나를 매료시키고 있는 것, 즉 '자신의 의견을 제시하는 것'이 중요하다는 결론이다.

그러므로 내가 이런 방식으로 대답할 책임이 있는 질문, 즉 '인간은 자연 속에서 특별한 공간을 점령하고 있는가?'라고 제기된 질문을 제시해 보자. 다르게 말해 나는 '무엇으로'라는 사소한 단어를 양적으로(그리고 질적으로!) 소홀히 여기고 있었다. 이 단어는 별로 중요하지 않은가? 이를 알기 위해서는 그 단어가 의미하고 있는 것을 지적해 내야만 한다. 예를 들어 우리는 어떤 등가어를 말할 수 있을 것인가? <u>무엇이</u> 인간은 자연 속에서 특별한 공간을 점령하고 있다고 <u>해주는가?</u> 인간은…이란 표현은 어떤 범위에서 말할 수 있는 것인가? 인간은…이라는 <u>이 논제를 어떤 논거를 근거로, 어떤 의미에서 주장해야</u> 정당할 수 있을까? 인간이 공간을 점령하고 있다는 논제는 <u>어떻게 만들어지는 것인가…?</u>

다시 말해 **내가 언술의 명제를 논할 준비를 하는 곳에서,** 사람들은 **내게 그 명제를 정당화시키도록 요구하고 있다.** 질문하는 문장 속에 제시되어 있는 개념을 재검토하는 것은 중요하지 않다. 그러나 그 개념이 사실임을 보여 주는 것은 중요하다.

따라서 재미있고 '설득력 있는' 진전을 위해 말하기 좋은 두세 가지 필수적인 논거에 관해서 모든 사고가 일어날 것이다. 그래서 내 의견은 전혀 상관 없을지라도, 솔직히 말해 나는 어떤 명제가 객관적으로 의지하고 있는 이유를 가르쳐 주어야 한다.

분석이 어떤 의견을 나타내지는 않지만, 그것이 무엇이든지간에 어떤 대상을 생각하는 것과 연관이 있는 지적인 사고 작업을 여기서는 판단하고 있다. 어떤 판단을 생각한다는 것은, 그것을 생각하고 있다는 의미에서 그 판단에 전적으로 동의하는 것이 아니다. 그것은 판단을 내릴 수 있게 해주는 요소와 그 관계를 사고를 통해 인지한다는 것이다.

스쳐간 사고들

인간과 동물을 서로 비교했을 때 결정적으로 중요하게 제시할 수 있을 차이는 틀림없이 손이 자유로운 직립 자세일 것이다. 이를 통해 실제로도 중요한 결론 두 가지가 유추된다.

● 첫번째는 입이 음식을 직접 취하는 기능을 상실하고 있다는 것이다. 생존을 위해서는 어쩔 수 없이 손이라는 매개를 통하여야 한다.

그런데 이처럼 욕구와 관련된 생명 유지에 필수적인 요구 사항에 대해 내려진 첫번째 판단은 두번째 결론을 가능하게 해주는 것 같다. 직립해서 이동하는 데 인간은 운동 기능 중 팔의 사용을 필요로 하지 않기 때문에, 서서 언제나 사용 가능한 두 팔을 다양한 용도로 쓸 수 있다.

그러므로 인간은 자연 속에서 특별한 공간을 점령하게 된다. 인간은 손이라는 매개를 통해 간접적으로 자연과 관계를 맺으며, 자연에 영향을 끼치고, 그것을 다듬고 변형시키고 있기 때문이다. 또한 인간은 자연과 일정한 거리를 유지함으로써, 현존하는 자연 그대로인 자연 속에 살기보다는 자신만의 환경을 만들기 때문이다. 따라서 인간 생활의 모든 문화적·사회적, 넓은 의미에서의 기술적인 측면이 제일 먼저 자연 속에서 인간이 점령하고 있는 특별한 공간을 설명해 줄 것이다.

● 그런 다음에 우리는 언어와 사고를 통해 인간이 삶과 생존의 현실 세계와는 또 다른 것을 자연 속에서 보게 된다고 강조할 것

이다.

인간에게 자연은 사고와 인식의 대상이 되므로 자연은 연구되며 실험을 통해, 즉 가장 힘있는 것처럼 가장 내적이고 섬세하게, 그리고 가장 매혹적인 것처럼 아주 엄청난 자연의 진행 과정의 비밀들을 밝혀 주게 되어 있는 실험을 통해 파악되고 있다.

이런 견지에서 유일하게 인간만이 자연을 생명 유지에 필요한 요구 사항과는 별개로, 본능적인 보존 요구 사항 이상으로 인식해야 할 대상으로 논하고 있다. 그것들은 얼마나 존속되고 있는가! 열정적인 대화 속에서 제기될 것 같은 바는 삶의 문제보다는 존재의 문제가 오히려 더 많을 것이다.

그러므로 인간에게 자연은 단순하고 완벽한 '삶의 환경'이 아니다. 자연은 인간에게 **닥친** 현실이며, 인간을 **빼놓은** 하나의 **존재**이다. 그리고 그것은 인간이 길들이거나 그렇지 않으면 지배해야 할 것이다. 적어도 인간이 **또 다른 존재들이 서로 유지하고 있는 본래의 종속 관계에 머무르지 않기 위해** 전력을 다해야 할 것이다. 자연에 맞서서 자유를 정복하는 것이 **지식과 힘을 연결하는 창조적인 존재**를 통해 가능해졌으므로, 오늘날 인간은 지구의 운명과 ——급격하게 파괴하든, 아니면 점진적으로 파괴하든 가능한 한 완전한 파괴——자신의 운명을 동시에 좌지우지할 수 있게 되었다.

이런 점에서 인간은 자연 전체를 책임지는 것만큼이나 자기 자신을 책임져야 하는 존재로서 존재해야 하는 자연의 유일한 존재이다.

● 직립 상태와 자유로운 손의 근본적인 역할부터 분석해 보면, 우리는 처음부터 끝까지 **인식에 따른 객관적인 판단**으로 규정되고 있는 **인간 시각의 특수성**에 대한 사고를 통해 분석을 완성할 수 있을 것이다. 인간이 자연 속에서 특별한 공간을 점령하고 있다는

것을 이해할 수 있게 해주는 세 가지 측면이 형성되는 근본적인 융합 장소는 아닐까?

관계를 맺고 있는 존재, 즉 인간은 모든 것을 실제로 존재하고 존재 가능한 존재로 생각하며, 자기 자신도 세상 및 타인과의 관계 속에 놓여져 있다고 생각한다. 그렇게 함으로써 인간은 또 다른 관계, 특히 의미와 가치 체계의 관계를 만들어 내고 있다.

따라서 인간이 자연 속에서 점령하고 있는 공간의 특징은 앞으로는 세상이 오로지 인간 **속에**, 인간에 **의해**, 인간을 **위해서만** 실재하더라도 인간을 세상의 중심에서 세상 '밖으로' 이동시켜 주는 객관적 시각과 관련이 있는 듯하다.

5. 자유롭다는 것, 그것은 '모든 권리를 가진다'는 것인가?

문제 유형

내용과는 별개로 질문이 '무엇인가'를 모델로 삼고 있다는 것을 지적할 수 있다. 다시 말해 보다 명백하게 '이것은 ~입니까?'라는 모델을 모범으로 삼고 있음을 지적할 수 있다. 이는 질문이 '무언가의 성질'이 되는 것, 즉 그것의 **본질**을 근거로 이루어진 연구를 한정하고 있음을 뜻한다.(플라톤, 《메논》)

어떠한 현실 세계라도 현실 세계의 본질을 연구한다는 것은 그것의 특징을 규정하려 애쓰는 것이다. 그리고 그것을 정의할 수 있도록 해주는 특징을 찾아내는 것이다. 그 특징은 곧 현실 세계의 본질 그대로의 것이지 결코 다른 것은 아니다. 그러므로 그것은 또 다른 것과 혼동될 수 없다.

바로 이런 상세한 설명들 때문에 질문에 더 잘 대답할 수 있을 것 같아서 질문의 주어부터 먼저 정의하길 바랐던 과정은 배제되어 있다. 분명 질문에 **대답하는 것은 곧 정의에 대한 모든 연구 작업을 시작하는 것이다.** 그러므로 연구는 단번에 몇 줄로 '해결하기'보다는, 이러저러한 특징을 차츰차츰 끄집어 내면서 점진적으로 진행되어야 할 것이다.

제기된 질문을 재검토해 보면 아무런 정보도 주지 않은 상태로 우리를 내버려두지 않음을 확인할 수 있다. '무엇을?' 이라고 직접적으로 물어보지 않음으로써 결정지을 수 있는 가능한 특징, 즉 '이것은 그렇게 되는가?' 라는 질문을 우리에게 암시해 주고 있다.

따라서 우리는 질문에서 '이것'에 해당되는 것과, 그리고 '그렇게' 밑에 소속시켜야 하는 것을 지금 찾아야 한다. 즉 무엇을 정의하도록 해줄 수 있다고 생각되는 특징은 무엇인가?

이번에는 질문이 어떻게 이루어져 있는지를 분명히 확인할 수 있다. 즉 자유가 '모든 권리를 가진다' 는 것으로 규정되는지를 결정할 수 있다. 다르게 말하면 어떤 면에서 이런 특징을 생각한다 함은, 특징이 만족스러울 경우 자유의 범위를 타당하게 규정할 수 있게 해준다. 그러나 또한 어떤 면에서 이런 특징은 적합치 않을 수도 있다.

용어 분석

여기서는 어떤 특징, 즉 '모든 권리를 가진다' 는 것이 제시되어 있기 때문에 그것과 관련해 자유롭다는 현상을 정의할 수 있는지를 묻고 있으므로 **자유에 대한 연구는 이런 특징에 맞추어 진행될**

것이며, 그런 특성에서부터 시작해 연구될 것이다.

이런 특징에 대한 연구가 단지 자유의 본질을 더 잘 이해하고, 따라서 자유에 대한 분석을 언제든지 진행시킬 수 있다는 목적에서 이루어지고 있다는 관점을 잃지 않고 유지하는 것은 분명 어려운 일이다. 그렇기에 우리는 자유의 개념을 따로 분리해서 연구하는 것이 실수가 될 수도 있음을 이해하고 있다. 그러나 '모든 권리를 가진다'는 특징은 과정 전체를 요구하기 때문에, 전체적인 단계에서 연구를 진행할 수 있게 해주는 주요한 두세 개를 찾아내는 것이 바람직하겠다.

'모든 권리를 가진다'는 표현은 두 가지 방식으로 이해될 수 있다.

한편으로 무의식적으로 받아들이고 있다는 의미에서 '모든 권리를 가진다'는 것은, 사회 생활이 우리에게 강요하고 있는 의무 사항들로부터 자유로워진다는 의미로 더 이상 금지되는 것은 아무것도 없다는 뜻이다. 또 다른 한편으로 '모든 권리를 가진다'는 것은 모든 법칙들이 허락해 주는 것의 획득을 의미할 수 있으며, 법이 누리게 해주는 현상의 혜택을 지닌다고 의미할 수 있다.

이와 같이 용어의 분석은 연구의 나아갈 방향을 분명하게 제시해 주고 있다.

스쳐간 생각들

▶ 제일 먼저 첫번째 방향을 연구해 보면, 개개인은 자신의 의지와 욕구를 실현시킬 때 '자신의 머릿속에서' 그리고 사회 내에서 어떠한 제한도 받지 않는 것 같아 보인다. 개인의 자유가 부딪치게 될 유일한 제한들은 개인이 지닌 고유한 힘의 체계인 듯하다.

그때부터 개개인은 그것을 자기 존재의 자유로운 표현을 억제하는 것이 외부에서 발생한 현실 세계라는 의미를 지닌 제한으로 여기지 않을 것이다. 개인 고유의 본질을 따르고 있기에 개인의 자유에는 온통 자신이 존재한다는 것이다.

그러나 세상의 유일한 존재는 아니며, 따라서 타인의 경우도 마찬가지이다. 그러므로 나의 타고난 자유는 다른 사람들의 자유와 부딪치게 될 것이다. 대립은 승자와 패자를 이끌어 내기 때문에, 대립의 결과는 각자의 타고난 힘에 달려 있다고 생각할 수 있다. 그것은 사회적인 측면에서 가장 강력한 법에 부합하는 체계를 구축하고 있다. 그러므로 '모든 권리를 가진다'는 것은 플라톤의 《고르기아스》에서 칼리클레스가 요구하고 있듯이 하나뿐인 진짜 법, 정확히 말해서 약자의 보호와 강자의 힘 제지를 요구하면서 사회가 무시하고 있는 자연의 법칙이 지배할 수 있도록 사회가 확립한 법칙들을 해결한다는 것이다.

그러므로 여기서 거론되고 있는 자유는 바로 개개인의 타고난 본질적 자유이다. 즉 좀더 힘센 사람이 개인에게 강요할 수 있는 제한은 외부로부터 오는 구속력이 아니라는 것이다. 왜냐하면 그가 다른 사람을 이길 수 없다는 것은 단지 <u>그 사람만이 가지고 있는 제한, 즉 그 존재의 한계</u>이기 때문이다. 그 자신만이 지니고 있는 고유한 본질이 바로 그를 '지배하거나' 또는 '지배를 받도록' 만들고 있다. 그러나 이런 관점에서 지배를 받는다는 것은 엄밀히 말해 여기서는 자유를 박탈당한다는 것이 아니다. 나의 자유, 즉 그것은 나의 본질이 다른 본질들과 비교했을 때 차이가 날 수 있도록 해주는 자유이다.

이런 의미에서 '모든 권리를 가진다'는 것은, '권리'의 개념 자체가 '순수한 자연 현상'에 대한 개념 속에서 사라지고 있음을 확인하게 된다. 그러므로 '권리를 가진다' 또는 '가지지 않는다'는 질문 자체가 더 이상 제기되지 않는다. 사물들은 존재하며, 그것이 전부이기 때문이다. 이런 견지에서 표현이 어떤 부조리한 면을 지니고 있음을 인지할 수 있다. 논리적으로 그 표현은 자신이 요구하는 권리를 없애고 있기 때문이다.

여기서 자유는 본질의 결정에 따라 우리가 명확히 표현하는 '자연스럽게 주어진' 것이다. 그리고 그것이 무엇이든지간에 상관 없이 모든 자연스러운 존재의 주요 특징은 **힘이다.**

우리는 결국은 이런 관점에서 자유를 갈망하고 있는지 자문해 볼 수 있다.

단지 이런 표현들로만 인간 세계에 대해 말할 수 있는 걸까? 실상 인간은 권리, 즉 사실을 평가하는 판단을 덧붙이고 있다. 그러므로 그것은 만들어지는 것 같다. 그때부터 '모든 권리를 가진다'는 표현은, 권리를 빼앗는다는 의미에서가 아니라 그 속에서 권리를 통해 완성되는 자유를 표현하게 될 관점으로 이해될 수 있을 것이다.

▶ 표현의 두번째 의미로 넘어가 보자.

● 권리에 대해서가 아니라 '모든 권리'에 대해 말하고 있는 이 표현은 여러 개의 권리가 있다는 것을 생각하도록 해준다. 이는 무슨 뜻인가? 예를 들어 나는 가질 수 있는데 다른 사람들은 가질 수 없는 권리가 있는 것인가? 그리고… 그 반대는? 어떤 관점에서 보면 그런 권리도 있을 수 있다. 어떤 권리는 직업이나 사회의 어떤 책임 혹은 책무와 관련이 있다. 예를 들어 헌병은 길을 막을 권리가 있으며, 판사는 투옥시킬 권리가 있다. 그리고 장관은 이것은 면제시키고 저것은 추가 재정분담금을 부여하는 결정권을 가지고 있

으며, 화학자는 금지된 물질을 사용할 권리가 있다. 내가 만약 이 것도 저것도 아니라면 나는 이러한 권리들 중에서 그 어떤 권리도 행사할 수 없다. 혹 내가 그들 가운데 한 사람이라면 나는 하나의 권리만을 행사할 수 있다. 그러나 동시에 이 모든 권리를 행사할 수는 없을 것이다! 따라서 나는 모든 권리를 가져야 제한 없는 자 유를 획득하게 되는 것이다…. 그 자유는 내가 다른 사람들의 자유 를 조금씩 침범할 경우에만 가능하다. 자유는 힘의 형태로만 실현 시킬 수 있기 때문이다. 이와 같이 모든 권리를 얻을 수 있는 사람 은 거의 나 혼자뿐이어야만 한다는 것은 당연하다.

'모든 권리'를 가질 수 있는 권리란 존재할까? 만약 존재하지 않 는다면, 나는 그런 권리를 가지고 있기 때문에 권리로부터 벗어나 지 못하게 되는가? 흥미로운 뉘앙스이지만 힘의 원리에 접근하고 있음을 유의하면, 이런 접근에 대해 결론내릴 수 있을 것이다. 첫 번째 접근의 수식 사례를 다시 생각할 수 있을 것이다.

그렇기 때문에 표현의 두번째 의미는 첫번째 의미를 참조하고 있다. 즉 나는 완력을 통해서만 모든 권리를 가질 수 있다.

▶ 이런 불리한 입장을 벗어나려면 다른 사람들의 자유와 나의 자유를 결합시킬 수 있어야 할 것이다. 즉 개개인이 모든 권리를 가 질 수 있도록 가능성을 구축할 수 있어야 할 것이다.

이는 권리가 주로 특별한 개인의 카테고리와 관련되어 있지는 않으나, 시민 그 자체로서는 관련이 있음을 전제로 하고 있다. 루소 의 분석이 그러했다.

'모든 권리를 가진다'는 것은 모든 사람들과 <u>타고난 개인의 자</u> <u>유</u>를 포기하고 있는 개개인이 <u>또 다른 체계의 자유, 즉 사회 계약</u> <u>에 의해 구축된 자유</u>를 함께 되찾는다는 의미에서 자유롭다는 것이다. 사회 계약으로 구축된 자유는 모든 사람들에게 그리고 개개인에게 인간이 가진 특별한 자유, 이성의 실행으로 인간의 마음속에서 개선 가능성이 있는 것에 적합한 자유를 실행토록 보장하고 있다. 국가는 시민과 <u>상관 없는</u> 권리를 결정하는 기관은 아니지만 시민 그 자체이다. 시민들 스스로가 법규들을 만들고 있으므로 그들은 오로지 자기 자신들의 말을 따르고 있다. 그 법규들은 가장 고귀한 특성 속에서 인간의 본질이 완전히 펼쳐질 수 있도록 구체적으로 명백히 해야 할 것이다. 그런데 유일하게 권리의 도덕적 측면만이 그것을 가능케 하고 있다.

진정한 인간 존재로 존재할 수 있기 위해 **인간의 모든 근본적인 권리들을 행사할 수 있다는 의미로**, '모든 권리를 가진다'는 표현은 사실 자율적이라는 의미에서, 책임을 진다는 의미에서, 그리고 자신의 운명을 생각하고 개척할 수 있다는 의미에서 자유롭다는 뜻이다. 자율성은 힘에 눌려 영원히 정해져 있는 특성을 지닌 자율성이 아니다. 그러나 이성을 부여받은 특성이 있는 자율성으로, 사고할 수 있으며 스스로 목표를 제시할 수 있는 자율성이다. 따라서 가치 체계의 기준에 따라 스스로 결정함으로써 변화될 수 있는 자율성인 것이다.

그때부터 법과 자유는 서로 융합된다. 오직 자유만이 외부로부터 법규를 받아들이지 않고, 법규를 그 자신에게 제시할 수 있다. 그리고 법 자체의 목적이 되는 자유만이 자유를 왜곡하지 않을 수단들을 목적 달성을 위해 제시할 수 있다. 반면 이전의 접근 방식으로 '모든 권리를 가진다'는 것은 단지 자유가 보여 주는 외관에 불과하다. 그리고 그 말은 자유와 연결될 수도 없다. 자유 그 자체를 목표로 두지 않는 목표에서는 <u>행할 수 있는 모든 권리</u>를 가지는 것이 오히려 더 중요하기 때문이다.

그러므로 '원하는 것 모두를 행하도록' 하는 자유는, 자유가 아닌 다른 모든 것에 몰입함으로써 만들어 내지 못하는 것 이상으로 자유를 파괴하고 있다. 반대로 인간의 권리이자 시민의 권리로서 '모든 권리를 가진다'는 것은 자유를 목표로 하고 있다. 이러한 조건에서 자유는 법을 목표로 삼고 있으며, 유일하게 자유에 대한 실질적인 조건들을 보장하고 표현할 수 있다.

6. 환상을 버려야만 하는가?

문제 유형

이 질문은 단번에 우리의 관심을 끈다. 사실 '해야만 하는지를' 생각해 보는 것은 어떤 문제든 상관 없이 문제를 **요구** 사항의 의미, 즉 **명령**의 표현으로 접근시키는 것이다.

<u>그래서? 그렇다면 그것을 규정하는 것이 좀더 '명백하지' 않을까? 여러 종류의 명령의 표현을 변별할 수 있을까?</u>

연구를 하려면 지금 사용되고 있는 평범한 문장에서부터 시작해 보도록 하자. 문제가 되고 있는 명령법을 규정지어 보자. 그리고 나서 같은 부류로 정리가 될 수 있을 법한 또 다른 명령의 문장을 찾아보도록 하자.

예를 들어 내가 '사람들은 사막을 횡단할 준비를 할 때 물을 가져가야만 한다'라고 말한다면, 나는 '왜?' 그러냐고 이유를 묻는 질문에 '목말라 죽지 않기 위해서'라고 대답할 것이다. 이런 방법으로 나는 어떤 상황의 유형——사막——과 도달해야 할 목표——
살아서 사막을 횡단하기!——를 관련지어 명령이 **생명 유지를 위
해 필수적인** 유형에 속함을 보여 주고 있다.

또 다른 사고 체계에서는 '그런 일을 실행하기 위해서는 참을성
과 기억력이 많이 필요하다'라고 말하면서, 명령은 여기서 **지적인
사고**만큼이나 심리적인 사고를 개입시키고 있다. '거짓말하면 안
된다'는 것은 **도덕적인** 차원에 속한다. 그러므로 이렇게 계속 연구
를 하면, 법적·경제적·정치적·과학적·미적·종교적 등 여러 차
원의 요구 사항들을 찾게 될 것이다.

따라서 이런 범주의 열거는 갈피를 잡지 못하고 혼란스러운 듯
인식하도록 만들기보다는, 오히려 모든 범주들이 똑같은 도표를 기
초로 해서 형성되었음을 깨닫게 해준다. 필요 불가결하게 강요되
는 **필연적인** 유형은 대상으로 삼고 있는 목표에 따라 달라지며, 명
령은 그것을 따르고 있기 때문이다.

그러므로 환상을 버려야만 하는지 생각한다는 것은 어떤 목표에
필요하게 될 그 무엇과 관련해, 어떤 기준으로 어떤 목적과 관계되
어 있는지 생각하는 것이다. 간단히 말해 무엇 때문에 환상을 버려
야만 하며, 무엇 때문에 환상을 버리지 않아야만 하는가? 긍정 명
령이든 부정 명령이든, 여기서는 근본적으로 별로 중요하지 않은
명령을 정당화하기 위해 우리는 무엇을 바라고 있는가?

용어 분석

▶ '환상을 버린다'는 표현은 일상적인 표현에 속한다. 우리가 다
양한 상황들을 생각하면서 이런 표현을 하면, 상당한 대조를 보이
는 두 유형의 암시적 의미가 보여지는 것 같다.

첫번째 암시적 의미는 실망을 드러내 보여 주고 있다. (긍정적인 내용이라고) '믿었고' 그리고 '실제로' 그것들은 유감스럽게도 그렇게 좋지도 쉽지도… 않다! 환상에 유리하게 현실 세계를 개탄하고 있다.

두번째 의미는 이성을 잃은 무분별한 상태나 비난받아 마땅한 결점을 가리키면서, 반대로 사람들이 마침내 보여 주거나 또는 보여 줄 시기가 된 성숙해진 사실성을 치하하기 위해 오히려 비난의 톤으로 언급되고 있다. '결국 그는 환상을 버리고 진지하게 일을 시작했다.' '그러므로 현실을 직시하라. 너의 환상 뒤로 도망 가기보다는 현실 세계에 맞서는 용기를 가져라!' 현실을 있는 그대로 받아들이는 편이 긍정적인 것이다. 즉 현실 세계에 유리하게 환상을 개탄하고 있다.

긍정적인 평가든 부정적인 평가든 모든 경우의 평가에는 현실에 대한 어떤 개념과 정말로 현실에 속할 수 있을 듯한 것 사이에 어떤 **차이**가 있는지 명백히 나타나 있다. 사실인 것은 내가 **사실이라고 생각했던 것과는 다를 터이다.** 후자의 표현은 엄밀히 따져 우리를 철학적인 차원으로 이동시키고 있다.

사실 바로 거기서 사람들은 오류와 진실의 문제에 접근하고 있으며, 또한 객관성과 주관성의 변별 문제와 그 가치에 관한 문제에 대해서도 논하고 있다.

만약 객관성이 인식하는 주체의 인격과는 별개로 대상을 알 수 있도록 해주는 지적 과정에 속한다면, 주관성은 그 판단이 욕구와 감정면에서 개인의 내적인 측면을 내포하고 있으므로 주체 자체를 가리킨다.

▶ 먼저 제기된 질문은 사람들이 환상의 희생양이라는 환상을

완전히 배제시키지 않은 상태에서 소유 형용사를——그들의 환상
——사용하고 있으므로 우리는 주어의 행위에 속해 있는 환상들을
중시하게 된다.

그러므로 현실에 대한 나의 해설이 부정확한 것은, **내가 내린
몇몇 판단이 감정적인 특성을 가지고 있기 때문이다.** 이런 이유로
나의 영혼은 현실을 변형시킬 수 있고, 이러저러한 특성으로 현실
세계를 축소시킬 수 있으며, 특징이 없는 현실을 생각해 낼 수도
있다!

그런 다음에 환상은 실수와 구별될 수 있으므로, 전자를 약화시
키는 지식이 있음에도 불구하고 전자가 지속될 때 후자는 수정될
가능성이 있다는 의미에서(스피노자는 "내가 비록 태양은 오렌지 크
기가 아니라는 것을 알고 있기는 하나, 그래도 태양이 오렌지 크기만
하다는 환상은 지속되고 있다"고 말하곤 했다) 사람들은 문제가 지
적 타당성의 차원에서 제기되기보다는 오히려 **판단의 가치** 차원으
로 제기되고 있음을 이해하고 있다.

더욱이 규정지어야 하는 욕구의 지배하에서조차 우리의 환상에
의해 내려진 판단은 타당한가? 어떤 관점에서? 어떤 근본적인 기
준(들)이 환상을 버려야만 한다고, 또는 버리지 않아야만 한다는
필연적인 결론을 이끌어 낼까?

달리 말해 우리의 문제는 이중적이며, 여기서는… 상반되고 있는
요구 사항을 정당화해 주는 가치(들)을 찾는 데 있다. (가치를 잃는
다는 것은 그것을 지키지 않은 것이다!)

스쳐간 사고들

▶ 환상을 버려야만 한다.

● 그런 방법으로 시작했기 때문에 우리는 대부분의 철학자들이 모든 유형의 환상에 맞서 싸운 만큼, 수많은 철학자들의 저서에서 예문을 끄집어 내면서 논증이 부족하지 않음을 확신하고 있다.

그래서 소크라테스의 지칠 줄 모르는 작업은 '지식'에 대한 우리의 환상과 대립되지 않는 것인가?

만약 내가 알고 있는 모든 것이… 내가 아무것도 아는 것이 없다는 바임을 알게 되는 경우, 내 마음속에서는 그리고 내 앞에서는 아주 재미있고 진실한 연구가 시작되며, 호기심의 욕구를 채우는 데 장애가 되는 것들을 인식하는 속에서도 호기심은 채워진다.

철학을 한다는 것은 우선 영혼의 눈을 뜨는 것에서부터 시작한다. 실제로 나는 왜 내가 보유하고 있다고 믿는 바를 찾으려고 애쓰는 걸까? 여기서 우리들의 환상은 마비되고, 이중의 무지——무지하기 때문에 알려지지 않은 무지 그 자체——속에서 메말라 간다! 이는 결국 '나무랄 데 없는' 확신으로 긴장해 있는 우리를 자주 고집불통이 되게 하거나, 또는 '알아야' 한다고 거만하게 우리의 주장을 펴도록 만들고 있다.

● 소크라테스의 훌륭한 제자 플라톤은 그때부터 사고의 관점을 심화시키게 된다. 그는 동굴의 비유를 통해 우리들이 시선을 고정시키고 있는 진리의 외관을, 욕구를 통해 절대적이고 본질적인 현실 세계에 대한 개념을 마음속으로 일깨워 주는 단순한 신호들로 이해하기보다는 진선미로 간주하고 있음을 입증하고 있다.

여기서 우리는 나쁠 것 같기에 우리의 환상을 생성해 내는 것은 욕구가 아니라는 의미에서 플라톤 철학의 사고에 대해 매우 흥미로운 측면에 주목하게 된다. 나쁘다는 것은 그것이 길을 잃어버린 현실 세계에서 욕구가 진행되는 방향이다. 우리는 환상 덕분에 일시적이고 표면적인 감각 세계에서 욕구가 찾고 있는 바를 발견하게 될 것이라고 생각한다. 그런데 어디에선가 환상은 우리가 관습의 안정성과 육체적인 직접성으로 쉽게 내린 확신을 기꺼이 따르고 있는 한, 우리를 희생물로 만들 수 있을 '감감 세계'의 환상보다는 **우리들이 가지고 있는** 환상에 더 관련되어 있다. 욕구와 지성은 서로 상반되는 것은 아니다. 영혼의 자질을 펼쳐 보여야 하는 철학자는 오히려 그 영혼에게 우리의 기본적인 욕구에 맞는, 우리가 조사할 만한 가치가 있는 유일한 대상을 어떻게 연구하고 있는지를 보여 주고 싶어한다.

그러므로 우리가 지니고 있는 환상을 버린다는 것은 **존재론적 차원의 요구 사항**인 것이다. 보다 더 본질적인 면에서 우리의 존재 자체가 문제가 되기 때문이다.

● 이와 같은 측면에서 현대인에게 이러한 논거는 고전 작품을 통해 확고해질 것이다. 바로 우리가 가지고 있는 '생각하는 존재'라는 영예가 어린이처럼 남용되도록 가만히 내버려두지 않는다. 그러므로 우리는 단순하게 명예 칭호를 가지고 있기보다는 인간 사고의 본성이 보여 주는 모든 결과를 증명해 보일 수 있을 것이다. 에피쿠로스와 스토아학파의 관점에서 보면, 우리의 상상력은 두려움 속에서 우리를 살게 하는 인간들이나 자연 또는 신에 대한 환상을 많이 만들어 내는 반면, 현실 세계에 대한 진정한 이해는 세상의 관점으로 우리에게 **자신감과 자율성**을 부여하면서 얽혀 있는 우리의 사슬들을 풀어 주고 있다.

합리적이며 완전히 현대적인 관점에서 '자신들의 환상을 버린다'는 것, 그것은 자유롭게 세상의 길이 저절로 열리는 것이며, 사소한 주관성으로 움츠러들기보다는 우리의 탐욕스러운 호기심으로 열심히 세상을 둘러보는 것이라 할 수 있다. 그러므로 진정한 이해는 우리 삶이 진행되는 다양한 현실 세계에서 효과가 있었던 행위의 증거이며 지배의 증거이다.

그러므로 인간은 객관적인 이해를 위해 자신들의 환상을 버림으로써 자연이나 사회의 구속력에 맞서는 힘을 얻게 된다.

사고하는 인간의 본성에 속해 있는 전형적인 이 힘은 자유롭게 만들어 행위로서 인간을 자유라고 밝히고 있다.

이 마지막 요점은 '환상을 버려야만 한다' 는 사고를 옹호하고 있으므로 열거된 모든 논거를 포함하는 핵심 가치를 구성할 수 있을 것인가?

▶ 환상을 버리지 않아야만 한다.

방법론적인 지적 두 가지가 필수적으로 제기된다.

우선은 보다 많은 즉각적인 명료성을 위해 논의해야 할 새로운 명제를 갑작스럽게 제시한다 할지라도, 사고가 왜 연구의 새로운 방향을 추구하고 있는지 이유를 설명해야만 한다는 데 주목하자.

그러므로 연결 개념을 생각해 보도록 하자.

그런 다음 이전의 모든 사고 활동을 무효화하거나 반박할 가능성이 있을지는 모르겠지만, 현재 내가 전례와 대립되는 입장을 논한다 할지라도 나는 환상을 버리라는 요구 사항을 구축하고 있는 이유들을 거부하지 않아야 한다. 만약 내가 그 이유들을 거부한다면, 이는 그러한 이유들이 타당하지 않음을 의미하게 될 것이다!

따라서 우리는 사람들이 어떤 상황에서, 이전의 입장에서 흥미로웠던 것을 지키려 애쓰면서 '환상을 버리지 말라' 고 정당하게 요구할 수 있는지, 적어도 버리지 말라고 권할 수 있는지를 찾게 된다.

연결, 즉 유기적인 결합의 개념을 찾으려면 이전의 것에서부터 시작해 그것의 기본 개념을 깊이 생각해야만 하며, 그 기본 개념에 아마도 또 다른 관점들을 제공해 주면서 또는 기본 개념의 '장벽을 없애면서' '다시 생각해야'만 한다.

● 만약 우리의 환상들이 맞서고 있다면, 알고 있듯이 이해와 대조가 되는 환상은 우리에게 여러 가지 굴레를 부여하고 있으므로 그것은 모든 측면에서 우리의 장애가 될 뿐이다.

그러나 만약 대조가 환상과 이해간에 체계적이지 않을 수 있다면? 그리고 만약 우리의 환상이, 즉 환상을 만들어 낼 수 있는 우리의 능력이 모든 것을 이해할 수 있도록 해주는 어떤 자유를 입증하고 있다면?

사람들이 생각하고 있는 **요구 사항의 심리적인 측면**은 충족의 체계에 속하지 진실의 체계에 속하지 않는다. 하나는 체험의 영역에 속하며, 또 다른 하나는 이해의 영역에 속해 있다. 하나는 절망하지 않으려고 환상이 가지는 유익하고 위로가 되는 특성을 찾고 있으므로 감정적이다. 또 다른 하나는 거리를 두고 객관적으로 하는 사고이다. 사실 실질적인 가치를 지닌 대조가 이루어지기 위해서 똑같은 차원에서 대조가 발생되어야 할 필요는 없지 않을까? 달리 말해 환상은 실수가 아니다. 그러므로 환상이 배제되지 않은 진실의 또 다른 타입을 찾아내는 일은 가능할 수 있을 것 같다.

예를 들어 몇몇 현실 세계를 완전히 인식하고 확신하는 것이 최소한의 정신적 고양을 가능하게 해주지 않고 반대로 오로지 강등, 즉 의지하거나 그렇지 않으면 자율성에 대한 거의 완전한 상실, 존재의 축소 또는 존재의 파괴만을 야기시키며, 우리에게 '정면에 맞서 그것들을 직시해야만 한다'고 말하는 현실 세계를 깊이 인식하게 만드는 경우, 이전의 논거는 무용지물이 된다. 적어도 목표가 환상을 버림으로써 보다 강한 힘·지배·권력을 얻는 것이라면, 여기

서 목표는 오히려 '환상을 유지하면서' 성취되었을 것이다! 영혼
이 합리적으로 동의할 수 없었다면, 그것은 바로 환상이 어떤 희망
을 가지고 난점들에 과감히 맞서며 그 난점들을 이겨낼 수 있도록
어떤 힘을 유지하거나, 또는 획득할 수 있게 해준 경우이다. 이런
경우 진실은 지적이고 개념적인 단계보다 더 복잡하지 않은가? 거
기서 우리의 환상은 어떤 종류의 진실을 입증하고 있는가?

● 좀더 멀리 가보자. 무엇이 가장 정확하게 이해시켜 주고 있는
가? 진실을 구축해 주는 판단이 일어나기 전에는 무엇이 있는가?

다르게 말해 어떤 환상들은 **가능성의 기능**, 즉 **실존한다는**——
첫번째 논거——기능뿐 아니라 인식한다는 기능을 완수할 수도 있
을 것이다.

인식하는 데 **필요한** 환상들을 만들어 내는 **이해 자체**를 밝히는
니체의 분석들은, 특히 이러한 관점에서 이루어지고 있다. 안정된
현실의 허구, 마음대로 조작이 가능하고 신뢰할 수 있다고 간주되
는(관념·숫자…) 복합적인 구성 단위 또는 고립된 구성 단위, 구조
화된 체계, 정확하고 명백한 체계(좋기는 하지만 현실이 그렇게 재
단이 잘 되는 건가?) 등, 이런 모든 것은 사고하도록 해주며 '모든
이해를 구축하게' 해줄 뿐만 아니라, 우리를 안심시켜 주는 기준점
들을 가지고서 살아가도록 해준다.

● 사람들은 **우리의 삶과 사고의 단순한 조건 이상의** 것을 어떤
환상 속에서 볼 수도 있다. 실제로 이러이러한 환상 속에서, 우리
는 우리를 만족시켜 주고 있는 가상 표현에 맞게 쉽게 형성되도록
내버려두지 않는 현실 세계의 이러저러한 측면에 부딪치게 될 것
이다. 바슐라르가 말했던 것처럼 현실은 '지속된다.' 그리고 지속
되면서 우리를 놀라게 하고 있다. 현실의 타고난 기이성 속에서 현
실을 더 잘 이해하도록 우리를 자극하기 때문이다.

물리학적으로의 포기, 전자파 전달 매체로서의 에테르(일종의 가벼운 공기)에 대한 환상——즉 빛의 성질을 생각하는 데 우리에게 도움이 되었던 환상——을 포기하는 것은 과학적인 이해를 진전시키는 데 결정적인 역할을 할 것이다. 그것은 환상을 가졌었다는 것만큼이나 마찬가지로 가장 건설적이었던 '환상을 버렸었다'는 것은 아님을 보여 주기 때문에, 또 다른 예들은 동일한 의미로 진행될 수 있을 것이다. 왜냐하면 바로 환상이라는 명백한 타입이 어떤 확실한 방법으로 나아가면서 자신의 한계를 통해 **발전하도록 자극**할 것이기 때문이다. 바슐라르는 니체의 의미에서가 아니라 바로 이런 의미에서 실수는 이해를 위해 필수적이라고 말했을지도 모른다.

동시에 사람들은 유일하게 인식론적인 차원에서(이해에 대한 사고), 그리고 정치적·도덕적·심리적인 차원에서 논거가 진행되지 않음을 보여 줄 수 있을 것이다….

실제로 어떤 환상들은 우리 마음속에 또는 우리 외부에 새로운 세계의 모습을 드러내 보이거나, 그렇지 않으면 새로운 현실 세계를 창조해 낼 수 있다. 예를 들어 환상과 관련해 마음속에 움트는 어떤 계획들은 모든 기대에 맞서서 실제로 좋은 변화를 실행시키게 될 행위들을 자극할 수 있다. 또한 그런 행위들은 변화를 나쁘게 생성시킨다고 반론을 제기할 수도 있을 것이다! 물론 창의성이 자유를 중심으로 해서 일어나는 것이라면, 모든 것이 일률적으로 실리적이기는 힘들 것이라는 사실을 인정토록 하자!

▶ 성찰의 단계에 이르면 사람들은 분석이 확인되는 것이라 생각할 수 있다. 그 분석에 의하면 연구된 질문은 요구 사항(해야 한다/하지 말아야 한다)보다는 이를 합법화하기 위해 채택한 기준들

에 더 좌우되고 있다. 그렇다면 무엇을 확인하고 있는가?

● 진짜 현실 세계가 '감각 세계,' 즉 절대적으로 싸워야 하는 모든 환상들이 융합되는 장소를 초월한 플라톤 철학 개념과 비슷하다면, 또는 진짜 현실 세계가 이 세상과 가깝고 본래의 현실 세계와 비슷하다면, 그리고 그 본래의 현실 세계는 상상할 수도 없고 살기도 힘들어서 존재하기 위해, 그리고 인간적으로 언어 능력이 있음을 인식하기 위해 환상을 만들어야만 하는 그러한 본래의 현실 세계와 가깝다면 거기에 똑같은 과정은 없는 것인가?(제I부 5장, 〈스쳐간 사고들〉, 59-60쪽) 전형적인 인간의 과정이란? 그리고 그 과정의 모든 품위를 지니고 있는 사람은 누구인가? 달리 말해 사람들이 세상과 생활 방식에 대해 가지고 있는 평가와 판단·개념이 어떠하든지간에, 언제나 자유로워지고 창조하며 인간의 의무 사항에 적합한 가치를 제시할 수 있도록 분리 과정을 실행하는 것은 중요하다. 사람들이 '환상을 버리라'고 권장하거나 또는 '그것을 유지하라'고 권장한다면, 그것은 환상으로 절대 귀착되지 않은 채 자리를 잡음으로써 항상 모든 여건을 초월한 상태로 제기하기 위해서이다.

● 그래서 우리에게 환상을 강요했던 필연성, 즉 생명 유지에 필수적이고 지적인 필연성들조차도 환상에 이르지 못하고 있다. 왜일까? 환상이라고 확인된 환상이 더 이상 실수와 같은 기능을 하지 않기 때문이다. 이런 면에서 칸트나 니체의 철학적 비평 작업은 상당수의 어리석음을 상실하게 해준다.

오늘날 과학 분야에서는 단지 조작적인 허구를 통해, 그리고 인간의 영혼에 맞는 구도에 의해서만 이해가 이루어진다고 알고 있으므로, 단지 영혼의 진리에 불과한 진리를 현실의 장점으로 평가하지 않으려 애쓰면서 최대한 '파라지타주(parasitage)'를 고려하고

있다.(B. 데스파냐, 《베일에 가려진 현실》)

심리적·도덕적·정치적인 측면에서는 환상으로 마음을 달래는 것, 즉 자유로워지거나 또는 '거기서는 아무것도 할 수 없다'고 믿으면서 안심하는 일이 중요하다면, 아니면 세상을 더 잘 움켜잡기 위해 현실에 맞서는 것이 중요하다면, 그것은 의미를 부여하는 능력을 통해서 **언제나 감내하기를 거부하고**, '세상과 자기 자신' —— 메를로 퐁티가 말했을 자기 자신의 마음속 세상과 세상 속의 자기 자신 ——을 자신의 것이라 생각하며, 최소한의 자성으로 세상을 감각적으로 연구하는 것 같다. 즉 환상이 있거나 없거나, 여기는 있는데 저기는 없고 또는 그 반대로 여기는 없는데 저기는 있고, 어쨌든 그것은 환상과 진리의 관점에서 표현하고 있는 요구 사항의 환상과 진리가 빚지고 있는 감각이다.

십중팔구 인간의 모든 품위를 형성하고 인간에게 전체적인 측면을 부여해 주는, 인간이 가진 역설적인 현실 세계에서 그 정당성을 찾아야 한다.

'환상을 버리거나' 또는 그렇게 하지 않는다면….

—— 그 끝을 지배하기 위해, 인간 자신을 포함한 모든 것에 대해 인간이 가지고 있는 초월 능력을 <u>고려해야 하지</u> 않을까?

—— 인간이 오로지 자유를 주고 개방하고 창조해 내는 개방 상태 속에서만 존재한다면, 인간과 함께 공존하는 절대적 완전함에 대한 항수를 <u>생각하게 되지</u> 않을까?

—— 감각을 거부한다거나 현실에 대한 이유 없는 거부를 고집하지는 않지만, 서로의 끊임없는 왕래를 실행시킬 수 있는 능력을 <u>고려해야 하지</u> 않을까?

—— 역설적인 단위로 변화된 상반되는 이중적 요구 사항, 즉 '다

리는 땅에 그리고 머리는 하늘에'라는 지극히 일반적인 표현에서, 다시 말해 **직립 인간**이 밝히고 있는 것을 고려해야 하지 않을까?

부수적인 지적들

▶ 전반적인 생각의 흐름

여기서 제기되고 있는 분석은, 단계적인 하나의 단위를 만들려고 애썼던 흐름에 따르면 가능한 분석들 중의 하나일 뿐이다.

사람들은 보다 더 만족스러운 관점(변증법적인 움직임)을 가지기 위해, 새로운 사고를 다시 전개하도록 해주는 반론이 제시된 논거에 뒤이어 곧바로 일어나는, 토론을 바탕으로 진행되는 고전적인 논쟁을 제기하기보다는 결정적인 의미 작용을 통해, 즉 유일한 요구 사항의 단계에서 결국 정당화시켜 주었던 것을 밝혀낸 결정적인 의미 작용을 통해 대립이 극복되었던 요점을 단번에 찾아내 논쟁을 통합하기를 더 선호했다.

▶ 또 다른 흐름의 분석을 위한 접근 요소들

첫번째 순간: 환상을 유지하는 것이 유리하도록 논거를 제시한다. 환상을 버리지 않아야 하는 이유는 무엇인가?

두번째 순간: 우리가 가지고 있는 몇몇 환상들로 최악은 아닐지라도 불안정한 특성을, 즉 '눈감고 위험을 얼버무리는 정책' 등 강조하고 있는 반론들을 연구한다.

세번째 순간: 따라서 '환상은 버려야' 한다. 버려야 하는 이유는?

'마지막 단계'로서의 지적: 환상을 버리거나 또는 유지하도록 자극하는 것이 결국 아주 이상한 목적은 아닌지? 사람들은 환상을 가지고 있다고 인식할 뿐만 아니라, 필수 불가결하게 강요될 것 같은 분류를 할 수 있도록 완전히 그것들을 확인하고 있다. 그때부터 순진함과 순수는 분명 사라져 버린다. 이제는 그저 사는 것은 중요하지 않다. 어떻게 살아야 하는지를 알려고 하는 것이 중요하다.

그러므로 명석함과 자유는 따로 분리할 수 없을 것 같다.

7. 간단한 분석들

일과 휴식을 구별하는 것이 언제나 가능한가?

▶ 문제 유형

이 표현에 접근하기 위해서는 우선 두 개의 개념, 즉 일과 휴식에 대한 개념을 비교해야 한다. 이 표현을 좀더 주의 깊게 다시 읽어보면, 일과 휴식은 서로 다르다는 결론을 내리도록 해주는 비교의 개념에 주목하게 될 것이다. 혹자는 이런 구별을 하는 것이 언제나 가능하느냐고 묻는다. 달리 말해 이런 구별은 언제나 분명치 않기에, 겉모습에도 불구하고 이 둘은 혼동될 수 있다고 생각한다.

그래서 문제 제기의 단순한 비교는——유사성과 차이점——두 개념간의 어떤 관계, 즉 공동 여론을 형성시킨 관계에 대한 평가를 바탕으로 이루어지고 있다. 그러므로 문제는 다음과 같이 된다. 개념에 따르면 일과 휴식은 명백하게 차이가 나는데, 그 개념을 재검토할 수 있을까? 어떻게 그 둘을 혼동할 수 있을까? 단순한 겉모습들일까, 아니면 그 둘이 각자의 본질 속에서 실제로 공통점을 보이고 있는 것일까? 반대로 뒤집어 보면 그 둘의 차이는 그것들의 본질, 즉 존재를 다루고 있는 유사한 점을 이용한 단순한 겉모습에 불과한 것일까?

▶ 사고의 가능한 접근

● '일하다'와 '즐기다' 사이의 분명한 차이를 구축하고 있는 여러 가지 특징들을 검토하면서 공동 여론부터 시작하도록 한다.

휴식이 욕망의 영역에 속한다면, 일은 욕구 충족과 연결되는 듯하다── '살기 위해서는 일을 잘 해야만 한다!'──이러한 첫번째 구별은 구분의 의미로 계속 진행되는 다른 수많은 상세한 설명을 시작해 주고 있다. 그럼으로써 실제로는 물질적·동물적이기조차 한 우리의 본질과 연결되어 있는 일에 대한 사고는 가장 본능적이고 원초적인 우리의 본질에 결부되어 있는 것을 형성한다. 반면에 휴식은 지상의 기본적인 우연성과는 동떨어진 곳에서 자유로운 비약을 표현하고 있다. 휴식은 무용지물의 가벼움, 즉 상상계에 대한 망상, 개념에 대한 추상적인 관념을 가지고 있기 때문이다. 간단히 말해 하나가 자연의 구속을 따를 때, 다른 하나는 문화와 사고의 자유를 가지고 있다. 그리고 하나가 고단한 노력을 표현할 때, 또 다른 하나는 용이성과 쾌락을 제공하고 있다. 마지막으로 하나가 그 규칙과 대중적인 특성을 가지고 사회적 그물망에 포함될 때, 다른 하나는 엄밀히 말해 개인적인 목적을 가지고 개인적인 체계처럼 보인다. 그러므로 하나가 매매의 유통에서 '중요한' 것이라면 다른 하나는 무료이다 등.

● 그러나 일이 '기본적인 물질 세계'처럼 생각되기는커녕 (뭐라고 말해야 하나) 지적이거나 또는 예술적일 수 있다는 것은 사실이다. 일은 즐거운 것일 뿐만 아니라 진정한 쾌락이 되기도 한다. (그러나 그것이 즐기기 위해서일까?) 더욱이 휴식은 노력을 요구할 수 있고, 규칙을 따르며 지불해야 할 상품의 구성 요소(디즈니랜드)일 수 있다. 그러나 그때 휴식은 어떤 사회 계층(골프)에 소속되어 있다는 기능을 가지고 있지 않다…. 결국 휴식과 일은 파스칼이 지적

했듯이 '시간을 보내기' 위해, 즉 죽음과 인간 조건의 부조리를 생각지 않으려는 다양한 활동들을 제공하기 위해 사용할 수 있다. 그런 방법으로 나는 권태로움을 보충하고, 권태로움이 없다면 공허했을 나의 생활을 채우며, 그리고 과감히 맞서기를 거부했던 문제들에 직면해서 나의 불안감을 잊어버리고 있다.

● 따라서 여기서 문제는 일에 대한 개념과 정의라는 사실을 알도록 하자. 일에 대한 편협하고 부정적인 해설은 언제나 일을 제외한 모든 다른 활동들을 거부할 것이다. 그 활동이 휴식의 개념에 포함되어 긍정적으로 해석되기 때문이다. 그러나 일이 인간에 대한 인간성 자체를 드러내는 창조적인 활동이라면, 본질의 차이는 더 이상 분명치 않다. 인간이기에 몹시 괴로워하는 창의적인 정신적 존재가 문화와 시대에 따라 가지게 되는 형태와 얼굴 속에는 단지 차이점들만이 존속되기 때문이다.

자연법, 과학의 법칙, 사회 법규, 도덕적 규범: '법' 이란 단어가 항상 같은 의미를 지닐까?

여기서는 요구되지 않은 비교 평가를 근간으로 했던 이전의 표현보다는 더 쉽고, 동시에 두 가지가 아닌 네 가지 요소를 비교해야 한다는 것을 생각하면 더 어렵다. 열거는 거추장스러우며, 사람들이 명확히 사고할 수 없을 것이라고 생각할 여지를 남겨 준다. 그러나 그것은 바로 수행해야 할 것이다.

▶ 어떻게 처리할 것인가?

여기서 제시된 법규들 각각의 특성을 회상해 보고, 그리고 그것을 써본다. 유사한 의미들과 상반되는 점들을 찾아본다. 존재의 이유를 보여 주게 될 체계에 맞게 '다방면의' 사고를 세 가지 요소로 편성할 수 있도록, 찾아낸 것들을 최대 세 가지 명제로 분류한다.

▶ 사고에 관한 구조 암시

● 첫번째 요소는, 모든 법규의 특색 가운데 하나를 명백히 제시할 수 있을 것 같다. 즉 **항구성과 보편성**. 앞의 두 개의 경우에서, 즉 자연법과 과학의 법칙에서 보여 주기 쉬운 미묘한 점은 분명 시대와 정치 체계에 따라 변화하는 사회적 법규 단계에 속해 있다.

그럼에도 불구하고 사회적 법규는 지나치게 자주 변할 수 없으며, 그것들의 변화가 언제나 이전의 것들을 다시 문제삼고 있는 것은 아니라는 사실을 증명하게 될 것이다. 더욱이 사회적 법규는 개인의 사적인 특수한 결정에 속하지 않는다. 그 가치는 대중적이고 집단적인 특성에 기인한다. 어떤 도덕적인 규범들이 때때로 똑같은 이치에 속해 있는 것처럼 보일지라도 그 규범들은 자신들의 이점을 표현하고 있다. 도덕적인 규범 속에서 사람들은 절도·배반 등을 권하는 도덕성을 전혀 인식하지 못하고 있다.

● 두번째 요소는, 모든 **법규는 지배하고 명령하고 있다**는 사실을 강조하는 것 같다. 과정들·행동들은 외적인 어떤 것을 따르는 듯이 그것을 따르고 있다.

● 바로 거기서 세번째 요소는 상세한 설명을 요구하는 고의적인 침묵을 지적할 수 있을 것이다. **법의 필연성은 자연 현상 및 인간 세계와 관련해서 같은 이치에 속하지 않는다.** 자연스러운 현상들 중의 어떤 것들은 인과 관계에 속해 있으며, 또 다른 것들은 의지에 속해 있다. 어떤 것들은 결정론적 이론 원칙의 표현이며, 또 다른 것들은 자유라는 법규를 존중하는 실질적 조건의 표현이다.

바로 이런 것들이 **사물들 사이의 관계**를 지배하고 있는 것과, 사람들 사이의 관계를 지배하고 있는 것 사이의 모든 연결을 항상 금할 것이다. 바로 거기에서 사물들은 **존재하며**, 인간은 **해석한다**.

■ 무엇을 기억해야 하는가?

▶ 황금률: 문제 제기의 유형 자체에 대해 질문하기

● 사람들은 '무엇' 또는 '…은 …인가'의 본질이 무엇인지를 묻고 있다. 따라서 **정의의 연구**를 시작할 것이다.(제Ⅱ부의 5장, 102쪽)

● 표현 분석은 질문에 답하는 것이 또 다른 것들 사이에서의 본질, 예를 들어 예술(2장, 85쪽)·법규·일(7장, 122쪽)의 본질을 이해하는 것이라는 사실을 발견하는 데 가끔 필요하다.

● '사람들은 …할 수 있다' 또는 '…할 수 있다' 혹은 '…이 가능하다.' 동사는 **세 가지 개념**, 즉 논리적·물리적·정신적 가능성의 개념을 함축하고 있다. 의미를 지니고 있는 표현(들) 속에서 확인을 한다.(1장, 79쪽)

● '무엇으로'나 '어떻게' 또는 '어떤 범위에서' 아니면 '어떤 의미에서' 혹은 '왜': 사람들은 이런 질문을 통해 **표현을 정당화시키기**를 바라고, 그것이 어떤 면에서 정당한 것인지 **설명할 수 있기**를 바란다. 따라서 사람들은 열거하지 않고 분명히 **말하는 것**이 더 좋은 **논거**를 최대 세 가지 종류로 분류해 그것에 대해 연구를 시작할 것이다.(제Ⅱ부의 6장, 109쪽; 제Ⅲ부의 1장, 129쪽)

● '해야만 한다'거나 '우리는 …할 의무가 있다' 또는 '…이 …해야만 한다'처럼 사람들은 **필연성**, 즉 **의무 사항**의 문제에 대해 의문을 가지고 있다. 도덕적인 측면이 자주 요구되고 있지만, 그것

이 유일한 측면은 아니다. 따라서 의무 사항을 정당화시킬 수 있을 기준들을 연구할 필요가 있다.(6장, 109쪽)

● 표현이 노골적인 양자택일 상태에서의 대립을 이용한 비교 질문. '…이 아니면…' 즉 변별과 유사성 구축을 이용한 비교 질문. 사람들은 현실 세계가 유일하게 가질 수 있는 형식에 속해 있는 것과, 그 존재 자체를 건드릴 것 같은 바를 찾게 될 것이다.(3장, 92쪽; 7장, 122쪽)

● '…을 확인하는 것이 정당하다' '…라고 말하는 것은 사실이다' '…라고 말할 수 있다' '…을 확인하는 것이 옳다' '…는 확실하다' '…을 어떻게 생각하다' 또는 '당신은 …을 어떻게 생각하고 있다.' 이런 모든 경우에는 사람들이 마치 인터뷰를 하듯이 자신의 의견을 제시하는 것은 중요치 않다. 그러나 **하나의 의견을 곰곰이 생각하는 것**은 중요하다. 제기된 표현을 논의하는 것은, 그 표현에 이의를 정확히 제기할 수 있도록 사람들이 주어진 가치와 의미를 아는 것을 전제로 하고 있다. 그러므로 가치와 의미를 생각해 내는 것이 바람직할 터이다. 사람들은 명료한 방식으로 자신의 의견을 표명하지 않을 수 있으며, 거짓 화해를 생각하기보다는 논쟁의 철학적 이해 관계와 그 가치를 보여 줄 수 있다.(제II부의 2장 85쪽; 제III부의 5장 147쪽)

▶ 질문 속에서 의문을 가져야만 하는 것

● 관사는 질문의 의미를 변화시킬 수 있다. '환상에 맞설 필요가 있는가?(Faut-il combattre l'illusion?)'가 '자신들의 환상을 버려야만 하는가?(Faut-il perdre **ses** illusions?)'는 아니기 때문이다.(6장, 109쪽)

● 부사 또한 기본적인 것일 수 있다. '법의 준수가 **합법적으로**

정당한가?(L'obéissance aux lois est-elle **légitimement** fondée?)' (3장, 92쪽) 또는 '…을 구분하는 것이 언제나 가능할까…?(Est-il **toujours** possible de faire la différence…)' (7장, 122쪽)

● 형용사는 결정적인 것일 수 있다. '모든 폭력은 속박인가? (**Toute** violence est-elle une cont ainte?)' 또는 '자연법, 과학적 법칙, 사회적 법규, 도덕적 규범(Lois **naturelles**, lois **scientifiques**, lois **sociales**, lois **morales**)' : '법(loi)' 이란 단어가……(7장, 124쪽)

III

속기 쉬운 용이성…

너무 명백한 표현들

1. '어떻게 시간이 흘러감에도 불구하고 나는 언제나 똑같은 상태로 머무를 수 있는가?'

잘못된 생각

이 질문은 나에게 '말을 하는' 것 같은 느낌이다. 사실 '시간'과 '똑같은 상태로 머물러 있다'는 것이 문제이다. 그러나 분명히 말해 시간이 흐르면 사람들이 똑같은 상태에 머물러 있을 수 없다는 것은 반박할 여지가 없다. 나는 생각하는 주체가 내 마음속에서, 시간 속에서, 시간이 흘러감에 따라 시간과 함께 변화하고 진화하는 것 모두를 근거로 하고 있다고 생각한다. 그런데도… 실수… 나는 언제나 실수를 하고 만다…! 이 질문은 사람들이 내게 절대 말해 주는 것도 아니며, 물어보는 질문도 아니다! 나는 그 질문을 읽었지만, 그 질문이 명기되어 있는 대로 해독하지 않았다.

왜 그랬을까?

조급해서였을까? 그건 분명하다. 신경 쓰지 않아서일까? 나는 분명 나와 관련 있는 문제 유형을 그다지 눈여겨보지 않았기 때문에 의심하지 않는다. (127쪽에 실린 여러 종류의 질문의 요점을 간추린 유형들을 보라.) 실제로 사람들은 내게 ~일까 또는 ~일 수 있을까는 아니지만 **어떻게** 그럴 수 있는지를 물어본다. 달리 말해 뒤따라오는 것이 무엇이든지간에 **어떻게 무엇으로 왜**와 같은 용어 뒤에 오는 것은 설명을 요구하는 질문이다. 따라서 내 의견은 어떠하든지간에 상관 없이 표현 속에서 확인되는 것을 정당화시켜 주기를 요구하는 질문이다! 사람들은 내게 오직 그 **명제**를 타당하게 지지해 줄 수 있는 논거들을 찾으라고 요구한다. 그러나 그 명제를 논하는 것은 조금도 문제가 되지 않는다. 따져 볼 필요도 없을 뿐만 아니라… 지금 여기서 내게 묻고 있는 질문도 아니기 때문이다!

물론… 받아들입시다…. 아주 마지 못해 그것을 고백하십시다. 결국 표현을 다시 살펴보면 무엇이 문제일까요?

방법론적 분석

▶ '어떻게'라는 문구 뒤에 오는 '시간이 흘러감에도 불구하고 나는 똑같은 상태에 머무르고 있다'는 문장이 옹호하는 것을 살펴보도록 하자.

내가 제대로 이해한 건가? 문장을 재표명해 보면, 실제로 (나를 변화시키며) 흘러가는 시간에도 불구하고 나는 똑같은 상태에 있다는 것인가?

만약 내가 이해하지 못했다면, 그것은 내가 그러한 생각을 일관성 없는 부조리한 사고라고 생각하기 때문이라는 것을 인정하자. 그렇게 생각하는 이유는 무엇인가? 나는 똑같은 상태로 있는 것을 **불가능하다** 생각하며, 또한 모든 것이 그 반대를 가리키고 있기 때문이다. 사람들은 시간과 함께 성장하고 얻고 잃으며 늙어가고 있기 때문이다. 그러므로 나는 제시된 명제를 완전히 지지할 수 없을 것 같다. 내게는 오직 반대 명제만이 의미가 있다. 그런데 여기서 나는 그 어떤 반대 명제도 가질 권리가 없지 않은가!

당신은 진보하는 것 같아 보이지 않는다….
그러나 소크라테스는 《메논》에서처럼, 당신은 당신이 믿고 있었던 것보다는 더 많이 진보했다고 생각할 것이다. 당신이 마음대로 사용하곤 했던 여론에 더 이상 의지할 수 없으므로 당신은 철학적 사고를 하게 된다. 왜냐하면 이번에는 '완전히 준비된' 개념이 없는 상태에서 당신 스스로 생각할 필요가 있기 때문이다.

▶ 따라서 우선은 그러한 것이 어떻게 가능한지를 자문해 보면서, 똑같은 상태에 머물러 있는 듯한 것을 찾아보도록 하자.
● 나의 신장, 머리 색깔, 나이, 치아 개수, 내가 처한 상황, 나의 감정 등이 변할 때 계속 존속할 수 있을 듯한 것은 무엇인가?
'똑같은' 표지, 즉 유사한 표지로서 변화가 있었음에도 불구하고 동일한 상태로 남아 있는 것은 무엇인가?
'동일한(identique)'이라는 것은 형용사이다. 그럼 명사는 무엇인가? 동일성(identité). 동사는? 동일시하다(identifier)…. 이는 여러 관점을 생각하게 해준다. '유사한(semblable)'이라는 표현은 '유사성(similitude)'과 '유사하다(ressembler)'라는 것을 가리키고 있으므로 '똑같은 것(même)'과는 상당한 거리가 있는 것처럼 보인다. 사실 사람들이 서로 닮을 수는 있다. 그러나 그들이 '똑같은' 사람들은 아니다.
물론 내 손의 지문은 일생 동안 똑같은 상태로 지속된다. 지문은 나의 정체성을 확인시켜 주며, 동시에 내게 일어날 수 있는 모든 변화에도 불구하고 나는 다른 사람이 아닌 바로 나라는 것을 확신시켜 주는 **영속성**을 지니고 있다!

여기서 우리는 두 가지 개념, 즉 **기간을 통한 영속성**에 대한 개념과 **확인**(identification)의 개념이 관련되어 있음을 지적할 수 있다.

오늘날 유전자 일치(identité)는 여전히 매우 근본적인 것이다. 내가 죽은 뒤에도, 신체 상태가 어떠하더라도 똑같은 상태로 남아 있을 것이기 때문에… 나는 다른 존재와 혼동될 수 없다. 그러나 사고를 통해 우리가 획득한 것은 상대적인 가치만을 인정토록 하자! 일란성 쌍둥이가 똑같은 유전자 코드를 가지기는 하지만 실제로 우리가 그들을 한 사람으로, 그리고 똑같은 사람으로 혼동하지는 않기 때문이다!

깊이 연구하다 보면, 유사성에 대한 이전의 개념에 의해 여기서 제시되는 반론이나 제한이 존재할 수 있다.

● 따라서 인간의 삶은 좀더 복잡하며, 복잡한 것 그 이상이다. 우선 인간의 삶은 정체성과 영속성이 아주 보잘것 없고 덧없는 것일지라도 성을 부여하고 있다. 다른 것들은 유사하고 모든 것이 변형될지라도 내가 나의 이름과 성을 부르는 소리를 듣는다면 쌍둥이든 아니든, 10세이든 20세이든 80세이든 상관 없이 나는 '전데요!'라고 대답할 것이다!

유전자 코드처럼, 마치 성이나 또는 가명이 자주 '공인되고' 있다 할지라도 그 논거가 내게는 더 좋은 것처럼 보인다. 왜냐하면 그것이 한 사람 전체와 그 사람의 생활 방식을 가리키고 있는 듯하기 때문이다. 그러므로 나는 바로 이런 방향으로 깊이 연구할 필

<u>요가 있다.</u>

▶ 나의 상태가 어떠하든지간에 나이고자 요구한 '나'의 존재는 무엇과 관련이 있는 건가? 내 이름처럼 습관과 관습에 대한 단순한 질문인가? 세상의 다양한 현실 속에 내가 나의 존재를 제기할 수 있는 만큼이나 다른 사람도 나를 인식할 수 있게 해주는 단순한 편리성과 관련이 있는 건가?

● 이를 좀더 생각해 볼 수는 없는가? 성·이름·가명이 지니는 **영속성의 이면에는** 인간이 지니고 있는 독특하고 심리적인 특징과 관련 있는 영속성은 없는 것일까? (그렇다면 여기서 우리는 어떤 기질, 존재 방식, 이러저러한 품성, 또한 눈에 띄는 이러저러한 심리적 현상——심리 분석 참조——을 떠올릴 수 있을 것이다. 그러면서 또한 일어날 가능성이 있는 반론들을 무시할 수도 없을 것이다. 예전에 가지고 있던 수줍음을 상실할 수도 있고, 아니면 반대로 화를 잘 내며 무례하고 건방지고 모험적이고 비겁하게 될 수도 있기 때문이다…. 간단히 말해 항상 자신과 관련되어 있음을 주시하면서 '더 이상 이전과 같지 않을' 수 있기 때문이다!)

그렇다면 내 마음속의 모든 것이 멈추지 않거나, 또는 항상 바뀔 수 있을 때 영속적인 주체라고 참고하는 '나,' 즉 '자아'는 무엇인가?

어떤 사람들은 이런 표현들이 풍선처럼 공허하다고, 그리고 그 표현이 지칭해야 할 것을 지나치게 단어를 이용해 단순화·단일화시키고 있기 때문에, 그것들은 언어가 가지고 있는 헛된 능력의 순수 산물이며, 또한 언어가 가진 실질적 기능의 순수 산물이라고 주장할지도 모른다.

● 그러나 내가 '나는'이라고 말한다면, 그것은 나의 존재가 실

재하고 있음을 표현하는 듯하다. 지금 분명히 현재 속에 자리잡고 있는 나의 존재는 과거를 **기억하며**, 동시에 이러저러한 **계획**을 생각하고 있다. 다르게 말해(사고를 분명하게 밝히기 위해 재표명하면) '나'는 꾸준히 실 사이를 오가며, 구별과 **변화를 통해** 하나뿐인 천 조각을 만들어 내는 방직공의 베틀북과 유사하다. 이런 견지에서 우리는 과거에 존재했던 것과 앞으로 존재하게 될 것 사이의 연결선으로, 즉 과거와 미래 사이에 던져진 하나의 점으로 의식을 규정짓고 있는 베르그송의 텍스트를 환기하게 될 것이다.(《시간과 자유의지》)

그러므로 나는 똑같은 상태로 남아 있을 수도 있다. 무엇보다도 회상하면서 동시에 예상하는 **똑같은 의식 행위가, 내 마음속에** 서로 다른 모든 체험과 사고들을 **연결시키고** 있기 때문이다.

● 그럼에도 불구하고 내가 '나'라고 말할 때 일어나는 일을 매우 조심한다면, 더구나 **나는 단일화시켜 주는 의식적 행위 자체를 인식할 수 있다.** 여기서 우리에게 소중한 것은 분명 칸트의 아주 특별한 공헌이다. 물론 어렵기는 하지만 그래도 잘 알려져 있는 텍스트를 보면, 칸트는 어린이가 자신에 관해 말하면서 '나는'이라고 하기 시작할 때 그 어린이가 '인칭 주어'로 자신을 밝히고 있음을 상기시킨다. 그는 무엇을 말하고자 하는가? "나는 모든 표현에 의식을 동반하지 않아도 된다. 그러나 **나는** 표현('나는 생각한다')을 **덧붙여야** 한다. (…) 그 의식은 다양한 표현들을 단 하나뿐인 의식으로 이해하고 있는 내가 그것들을 모두 **나의** 표현이라고 명명하기 위해 동반하는 통합된 의식이다."(《순수이성비판》)

달리 말해 '직립시키고 있다는' 인식(초월적인 주체) 때문에, 나는 여러 가지의 사고 체험들이('표현들') 마치 나의 것인 양 나와 결부시키고 있다.

● 따라서 통합 자체를 인식하고 있는 어린이가 그것을 두드러지게 함과 동시에(객관적인 시각과 지배) 그것을 자신과 연결지어 자신의 것으로 받아들일 경우, 그 어린이는 (다른 사람들이 자신에 대해 말하는 것을 들은 방식대로) 제삼자에게 자신에 대해 말하는 것을 그만두고 있다.

의식하고 있음을 인식하는 것은 자신을 **참고 기준의 중심**으로 놓으면서 '나'라 지칭케 하며, 자신이 인식하고 있는 모든 종류의 행위·상태·사건 그리고 사고를 **자신만의 설명으로 표현할** 수 있게 해주고 있다. 이는 사람들에게 존재하고, 어디서부터인가 출발하는 모든 것이 바로 자아와 연결되어 있기 때문에 언제나 똑같은 '자아'와 연관되어 있다.

▶ 따라서 내가 똑같은 상태에 머물러 있는 것은 시간이 흘러가는 것과는 절대 **상관이 없다**. 즉 시간의 흐름에도 상관 없이 시간을 거슬러 '여유를 가지고' 있거나, 또는 속임수를 썼기 때문이 절대 아니다. **내가 영속적이고 동일한 주체로 구성될 수 있는 것은** 오히려 **시간 속에서, 시간을 통해** 시간이 가져온 변화 또는 일어날 수 있도록 해주는 모든 **변화 덕분에**, 그리고 그런 **변화에서부터** 비롯되고 있다. '내가 가지고 있는 것들,' 즉 내가 한 말과 사고· 행위들이 오늘날 내게 불쾌감을 주거나 단순히 나를 놀라게 만들 수 있다 할지라도, 그것들은 영속적이고 동일한 주체와 관계되어 있거나 이미 관련되어졌거나 혹은 앞으로 관련이 있을 것들이다. 달리 말하면, 여기서 사르트르와 메를로 퐁티의 몇몇 분석들은 우리가 논하고 있는 주제에 유리하게 작용할 수 있을 것 같다. 그러나 똑같은 상태에 머물러 있다는 소위 '초월적인' 주체는, 육체를 초월하지도 추상적이지도 그리고 평범하지도 경직된 것도 아니다.

● 물론 나와 관련되어 있다고 확신하고 있으며… 그리고 그것은 내 책임이다! 어떤 상황에 대해 내가 가졌던——또는 타인이 가졌던!——과거의 이러저러한 사고 방식에 따라 어떤 계획에 의해서 어떤 순간에 그런 사고를, 그런 존재 방식을 나는 '나의 것들'로 인정하고 있다. 내가 어제 의지했던 변수와 기준들이 오늘날 내가 다시 취할 수 있는 것들이 아닐지라도, 그리고 게임을 이끌었던 매개 변수들이 바뀌었다 할지라도, 그럼에도 불구하고 나는 그 모든 것을 **내** 판단에 속해 있는 것처럼, 정확히 지금처럼 이해하고 있다. 나는 언제나 나를 둘러싸고 있는 것에, 그리고 내가 행동하는 것에 의미를 부여하는 어떤 방식에 따라 살고 있다.

그러므로 나는 세상 및 타인과 나 자신에 대한 모든 시각을 여러 가능성으로 통합해 보고, 객관적으로 생각해 보며, 이용하고 조작하고 그리고 결합시켜 보고 있다. 세상과 타인, 나 자신에 대한 모든 시각은 어느것이나 모두 다 과거와 현재 그리고 내가 나의 생활 방식을 만들어 가며 앞으로 이끌어 낼 미래의 의미들이다. 그 생활은 내 것이지, 바꿀 수도 대체할 수도 없는 이웃 사람의 생활은 아니다. 즉 인정에 끌리지 않는 주체인 나의 생활인 것이다.

스쳐간 사고들

▶ 시간과 함께 모든 것은 변화하는 것 같다. 그러나 나는 말하는 것으로 그칠지라도 내 생활 속에서 계속 똑같은 '나'로 생활하고 있음을 주장한다. 그렇다면 **나 자신이 변화할 때 똑같은 상태에 머물러 있는 듯 보이는 '나는'** 무엇인가? 특히 이것은 어떻게 **가능한 걸까?** 변화와 영속성 그리고 정체성은 내 안에서 어떻게 유기적으로 연결되는가?

● 첫번째 접근인 생물학적 접근은 인간의 모든 측면에서 '자아'와는 관련이 없었으므로 우리에게는 타당성이 결여된 것처럼 보였다. 반면에 그것은 깨지기 쉬울지라도 법적·문화적 정체성을 더 많이 환기시키고 있다.

● 그러나 그 정체성은 나의 존재에 대해 진정한 심리적인 전개를 하는 대가로만 어떤 일관성을 획득할 수 있는 것 같아 보였다. 그것은 시간이 잡아내지 못할 수도 있을 '자아'를 가장 비밀스러운 내면 속에서 찾아내기를 바라고 있기 때문이다.

이런 면에서 '심층심리학'이 심리적 영속성의 가능한 몇몇 요소들을(정신분석학) 제공한다고 생각할 수 있다면, 우리는 각각의 인간에게 적합한 특별한 영향권을 느낄 수 있으며, 자신의 급변함에 놀라워하지만 그래도 그런 상태에 빠져 있기를 거부하면서 '자신의 것'이라고 주장하기를 주저치 않는 자신의 행동 방식을 때로는 예측할 수 없게 된다.

● 우리는 심리적인 접근에 정신적인 접근을 추가할 수 있다. 정신적인 접근 또한 주체의 다양한 상태를 넘어 자신의 행위에 책임지기를 바라는 주체에게 도움을 청하고 있다. 그러나 이 둘 모두 우리들 각자를 한정된 유한 '존재'로 영원히 **꼼짝할 수 없도록** 만들 수는 없다.

▶ 그러므로 우리는 더 좋은 관점들의 설명을 위해 의식에 대해 관심을 돌릴 필요가 있었다.

● 여러 가지의 체험과 상태·사고를 초월할 수 있는 자신이 가진 가능성만큼이나 시간성에서도 모습을 드러내는 '나'는, 놀라게 할 수 있을 만한 무언가를 가지고 있다. 사람들이 찾고, 그리고… 찾았다고 믿었던 것으로 볼 수 있는 것은 아무것도 없다! 사실 시

간의 흐름 '에도 불구하고' 일종의 거친 저항 속에서도 시간에 대항해 똑같은 상태에 머물러 있기는커녕 시간을 유린하는 불안정에 맞서 옹호해야 하는 '존재'에 대해 화가 난 주체, 즉 우리가 여기서 발견하고 있는 **주체**는 매우 다르다. 주체에 의미를 부여하면서 아주 사소한 실재도 제 것으로 삼으려고 항상 주도권을 다시 잡고 있기 때문에, '주체'는 시간과 **변화**를 '이용하며' **변함없는 동일한 방식으로 구성되고 있다.**

● 그래서 그것은 우리들 존재의 **가장** 깊은 곳에 숨어 있는 비밀스러운 현실 속에서도, 우리가 살고 있는 구체적인 생활 방식**보다** 위에 있는 외형적인 현실 속에서도 찾아낼 수 없다. 역설적으로 **나의 영속성과 정체성**은 오히려 이런 **움직임** 자체에 있을 수도 있다. 그런 움직임을 통해 나는 끊임없이 나를 둘러싸고 있는 것에, 내게 일어나는 것에, 내가 생각하고 바라는 것 등에 약간의 의미를 부여하고 있다.

따라서 내가 유지할 수 있을 것이라는 '똑같은 것'은, 결국 '존재'의 용어로는 이해할 수 없을 것이다. 오히려 '관계'와 '의미'의 용어로 이해할 수 있을 것이다.

그래서 바로 여기에 처음에는 정말로 생각할 수 없을 것 같았던 하나의 사고를 결국에는 정당화시킬 수 있었던 방법이 존재한다. 그리고 습관적으로 '집착'한 사상과 여론을 바탕으로 생각하고 있기에 느슨해져 궁지에 몰렸던 우리는, 몇몇 흥미로운 철학적 기준을 통해 종국에는 아주 놀라운 사고를 할 수 있도록 깨닫게 되었다!

2. '사람들은 좋아하는 것을 존중할 수 있을까?'

잘못된 생각

나의 주의 부족과 성급함의 원인이 되는 것, 그것은 신중한 태도로 그것이 무엇이든지간에 내가 생각하기 **이전에** 강요되고, 그리고 다른 것을 생각할 수 있는 모든 가능성을 차단할 위험이 있는 **명백한 나의 의견이다.**

나의 의견이 모호한 상태에서 활동하도록 내버려두지 말고, 의견을 명백하게 밝히도록 하자. 즉 표현을 '냉정하게' 생각해 보기 이전에 나의 의견이 자유로이 표현되도록 내버려두자.

● 이전 표현의 분석에서 '시간'과 '똑같은'이 즉각적으로 대조를 보여 주었던 만큼, 여기 표현의 분석에서는 '존중하다'와 '좋아하다'라는 단어가 내게는 분명히 하나로 연결되어 있는 것처럼 보인다. 후자가 전자 없이는 진행되지 않기 때문이다! 좀더 분명히 말해 사람들은 좋아하는 것을 **존중해야만 한다.** 그렇지 않으면 그것을 사랑이라 할 수 있을까? 따라서 존중은 정신적인 것만큼이나 감정적인 모든 측면을 사랑에 담아내고 있으므로, 사랑 속에 존중이 포함되어 있음을 보여 준다는 내 말은 분명할 것이다.

● 사람들은 좋아하는 것을 존중할 '수 있을까?' 다르게 말해 사람들이 좋아하는 것을 존중하는 일이 '가능한지를' 묻고 있다. 프랑스어로 '가능한(possible)'이란 의미의 '사람들은 ~할 수 있다(peut-on)'라는 용어는 세 가지 의미, 즉 **능력**(capacité)·**개연성**(pro-babilité)·**허가**(autorisation)의 의미로 열거된다. (따라서 '의미를 형성하고 있는' 바를 증명하기 위해서는 표현 속에서 각각의 의미를 고

찰해야 한다.)

● 나의 의견과 언술, 즉 비교로 나타나는 것은 무엇인가?

우선 어떤 커다란 거북함이 있다…. 왜냐하면 사람들이 좋아하는 것을 **경우에 따라서** 존중할 수 있게 **되는**지를 자문하는 것, 그것이 처음에는 좋아하는 것만큼이나 명백하지 않기 때문이다! 그러므로 그것은 우리 의견이 무의식적으로 연결시키고 있는 것을 분리하는 것이다!

언술은 정확히 내가 암시하는 것과 상반되는 바를… 암시하고 있다! 사실 <u>처음에는</u> '존중한다' 와 '좋아한다' 라는 용어가 **양립 불가능**까지는 아니더라도, 이 둘 사이에는 차이가 있음을 시사한다. 왜냐하면 그 요구가 **이** 둘을 **결합한다는** 가능성을 근간으로 제시되고 있기 때문이다.

방법론적 분석

어떻게 시작해야 하나?

언술 그 자체에서부터 시작, 다시 말해 언술이 **함축하고** 있는 의미, 즉 '존중한다' 와 '좋아한다' 는 단어가 전혀 함께 진행되지 않는다는 생각에서부터 시작해 보도록 하자.

어떤 상황과 태도가 우리 정신에서 일어날 수 있을 것인가?

애인을 애타게 기다리거나, 그렇지 않으면 사랑하는 사람을 잃을까 두려워 연인을 감금해 버리는 사랑에 빠진 자는 분명 여기서는 전형적인 경우이다. 사랑에 빠진 자는 **질투심** 때문에, 불신감으로 다른 사람을 화나게 하며, 사랑하는 이를 더 잘 감시하려고, 마침내는 그의 연인에게 주어진 어떠한 개인적인 자유도 참아내지 못하는 자신의 질투의 정도에 따라 연인의 생활을 강압적으로 관리한다. 그는 사랑하고 있다. **사랑하기 때문에** 그는 타인의 자율성, 즉 인간이 혼자 사용할 수 있고, 그리고 스스로 자신의 고유한 목표로 설정하고 있는 인간의 자유를 **존중할 수 없다.** 사실 여기서 사랑에 빠진 사람은 이런 자유를 위험 요소——연인을 잃을 수 있는 위협(으)——로 느끼고 있으며, 또한 자신에게서 벗어나는 것으로, 자신의 소유일 수 없는 것으로, 그리고 자신에게는 낯선 것으로 느끼고 있다.

그러나 질투심에, 병적인 소유욕에 빠지지 않더라도 사랑은 서로의 거리를 없애려 하고 서로를 연결하려 애쓰는 것 같다. 그런데 감탄의 감정이 섞여 있는 일종의 두려움이라고 할 수 있는 존중은, 명백하게도 '거리를 유지하고 있다'고 칸트는 말했다. 그러므로 동시에 완전한 미간섭을 나타내 주는 거리에서, 우리는 사랑에 관해서는 오히려 인간 그 자체에 대한 무관심이 그렇게 존중해야 할 필요가 있다고 생각할 위험이 존재한다. 인간이 진정으로 생각하고 있는 것을, 인간이 체험하고 사랑하고 바라는 등의 것을 조금도 걱정하지 않기 때문이다…

● 따라서 우리는 질문이 제기될 수 있었던 이유를 더 잘 이해하고 있다. 우리는 어떻게 해서 '존중한다'와 '좋아한다'는 단어가 종국에는 대조적인 듯한 매우 다른 두 가지 감정을 이루고 있는지 마침내 이해하게 된다. 그러므로 이런 상황에서는 질문이 우리를 그런 상황으로 유도하는 것처럼 어떤 지점, 즉 '존중한다'와 '좋아한다'가 합치될 수 있을 (사고의) 어떤 '개념적인 장소'가 없을 수 있는지를 생각해 볼 필요가 있다.

스쳐간 사고들

▶ '존중한다' 와 '좋아한다' 사이의 관계가 맺어지는 '개념적인 장소' 는, 틀림없이 **사람**과 **자유** 및 **가치**의 개념 언저리에서 찾게 된다.

● 그래서 칸트가 말했듯이 우리는 오로지 사람들만을 존중하고 있을 뿐 사물들은 존중하고 있지 않다. (왜 그런지 이유를 상기해 보라.)

그런데 한 사람을 좋아하는 것, 그것은 오로지 나만의 만족을 위해 내 소유로 만들기를 바라는 대상으로서 좋아하는 것이 아니라 있는 그대로 그 사람을 좋아하는 것이다. 이는 **침해할 수 없는** 그 사람의 **자유**, 즉 그가 자유로이 나를 사랑하도록 하는 자유, 그가 자신의 생활을 결정하는 자유, 자신에게 **가치**를 부여해 주는 자유를 그의 행동 **목표**로서, 그리고 행동 **의미**로서 인정하고 있음을 함축한다.

● 나의 자유와 앞으로 부딪히게 될(그리고 나의 욕구와 아마도 충돌하게 될) 자유를 **반대해** 가면서까지 사랑하라는 것이 아니라, 쉼없이 활동하는 그의 자유를 **고려해** 가며 그를 사랑하도록 하라는 것이다. 그 존재, 분명 내가 사랑하는 그 존재…에 대한 모든 것은 그가 가지고 있는 자유를 통해 표현되고 있다!

그래서 '두려움과 감탄' ──즉 존중──은 그 사람에 대한 재인식에 **비례해** 그의 자유 속에서, 즉 **모든** 인간적인 상호 관계 속에서, 따라서 어떤 사람에 대한 사랑 속에서 돌발적으로 생겨나고 있다. 틀림없이 다른 곳에서보다는 바로 그 속에서 다른 사람이 지닌 위대함에 대한 믿음과 평가할 수 없을 만큼 귀중한 그의 가치는, 가장 어리석지는 않을지라도 놀라운 모든 가능한 추월을 하도록 이끄는 그런 자유 속에 있다. 그러므로 가장 평범한 것 속에 아주 특별하고 예측 불가능한 것이 있기 때문에, 사랑한다와 존중한다는 분명 가장 미묘하면서도 가장 '탁월한' 인간의 경험을 구성하고 있다!

▶ 그러므로 질문이 품고 있는 함축적인 의미에서부터 시작함으로써, 첫번째 단계에서는 '존중한다' 와 '좋아한다' 를 대립시키고 있는 것은 아닐지라도, 대립을 통해 우리가 왜 그 둘을 결합시킬 가능성이 있는가에 대해 생각하는지를 보여 줌으로써 이 둘을 구분 짓는 바에 접근할 수도 있을 것이다. 그 다음 사물과 인간 사이의 대조에 중점을 둔 두번째 단계에서는, 특히 욕망과 관련해 복잡하고 어려운 인간 관계의 특수성을 강조할 수도 있을 것이다. 그러므로 세번째 단계에서는 사랑과 존중의 결합이 어떤 조건에서 실제로 실현되는지 완전히 전개할 수 있을 것이다.

3. '기술을 비난하는 것이 옳은가?'

잘못된 생각

기술이 위험까지는 아니더라도 부정적인 측면을 보여 주는 것 같지만 그것은 긍정적인 측면들, 즉 어떤 이점들을 나타내고 있다는 생각이 든다. 그러므로 나는 기술의 부정적인 측면들을 느끼면서 기술이 지닌 긍정적인 측면들에 대해 생각할 것이다…

● '기술을 비난하는 것이 옳은가?' 라고 '사람들은 묻는다.' '옳

다' 는 것은 무엇인가? 그것은 내가 진실하다거나, 또는 <u>정의롭다</u>는 의미로 그르지 않다는 것이다. 분명히 말하고 있는 마지막 문장은 어디에서 비롯된 것일까? 아마도 나의 영혼이 질문의 뒷부분에 대해 기억하고 있는 것에서, 즉 사람들이 실제로 말하면서 **비난하고** 있는 데서 비롯된 것이리라. 그런데 사람들은 비난하면서 **죄를 지으며** 재판을 한다. 다시 말해 피고는 죄인일까? 만약 그렇다면 사람들은 증거를 제공할 것이다. 그렇지 않다면 진짜 죄인은 무엇일까?

● 하나 또는 몇몇 죄인들을 찾는 것이 중요하다는 생각이 든다. 그러므로 기술이 가진 이점과 불편한 점, 그러니까 그것의 긍정적인 측면과 부정적인 측면에 대한 문제는 완전히 무효가 되어 버린다!

방법론적 분석과 스쳐간 사고들

다시 한 번 표현과 그 표현이 지닌 함축적인 암시에서부터 시작할 필요가 있다. **사람들이 기술을 비난하는** 것은 사실이기 때문이다. 그렇게 하는 것이 옳은 일인지를 알기 위해서는, 처음 보았을 때 기술을 특별한 죄인으로 만들 수 있을 것 같은지를 먼저 살펴보도록 하자.

기술이 **무엇 때문에**(가장 큰 특징들 때문에) 죄가 되는지 <u>검토하는 것</u>과 마찬가지로 그 정도는 아니지만 기술이 **무엇**의 죄인이 될 것인지(결과)를 검토해 본 후에, <u>두번째 단계에서</u> 우리는 주로 모든 기술에 대한 **도구의 본질**에 중점을 둔 이의 제기를 할 수 있다. 그것은 그 자체만으로는——복잡하고 정밀한 기술조차도——목표를 제시하고 의미를 부여할 수 없는 단순한 수단이기 때문이다.

　그렇다면 세번째 단계에서는 진짜 죄인은 어디에 있는지 물을 것이다. 누가 아니 무엇이 진짜 죄인인가? 기술이 지니는 어떤 특징을 중시하기보다는 희화시키게 되는 것은 아닐까? 또 다른 존재 방식들은 단념하면서 기술에다만 너무 많은 생각과 희망·환상, 그리고 또한 너무 많은 분노와 역정을 집중시키고 있는 것은 아닐까? 간단히 말해 기술은 형식·목표, 그리고 인간 스스로 기술에 부여하길 바라는 의미를 지니고 있다….

4. '동물이 인식한다는 것을 왜 인정하지 않는가?'

잘못된 생각

　● 사실 인정 못할 이유는 없다! 동물 또한 인식의 재능을 타고 났다. 그러므로 우리는 동물 세계에서 인식에 따른 생활 방식이라고 보여지는 것 모두를 지적하면서, 동물의 인식을 부정하는 일이 타당치 못함을 증명해 보도록 하자.

　● 사실 '왜'라는 질문 유형 자체는(127쪽의 요점을 간추려 놓은 유형을 보라), 동물이 인식한다는 사실에 동의하는 것을 인정하지 않기에 유리하도록 증명해 줄 다른 이유들을 찾으라고 넌지시 암시하고 있다. 달리 말해 나는 내가 생각하고 있는 것의 정반대 자체를 증명해야 할 것이다! '동물이 인식한다는 것을 인정하지 않는다'는 것은, 여기서 내가 타당성을 증명하도록 요구받은 명제이다. (문제는 첫번째 분석의 것과 동일하다. 129쪽)

지시하고 있는 방법론적 분석

질문 속에 포함되어 있는 개념부터 살펴보자. '인식'과 '동물'은 모순된(상반된)다. 그러므로 그것들의 가장 본질적인 대립이 어디에서 일어나는지 살펴보도록 하자. 자기 반성성, 행동과 관련한 개념적인 객관적 판단, 생존과 본능, 그리고 본질을 구속하는 제한들과 관련된 객관적인 판단들을 살펴보자. 그 제한은 동물이 행동을 하는 데 피해 갈 수 없는 것들이다. 이를 바탕으로 인간 세계에는 문화적인 현상(예술·종교·과학 등)과 생활 방식의 필수 조건을 넘어선 문화적 현상의 전달이 있다.

스쳐간 사고들

● 인간의 특성을 이루는 것을 강조하는 인식에 대한 분석에서 시작했기에 동물을 배제시키고 있는 우리는 거기서 본질을 토대로 하는 논증, 즉 (존재의 이치에 대한) **존재론적인 이유**들을 근거로 하는 논증을 주장하고 있다.

● 그러나 사실 우리는 이런 부정 속에서 또 다른 이치의 이유, 즉 **방법론적인 이유**들을 찾아낼 수 있을 것이다. 두번째 단계에서 우리는 그것을 전개할 것이다. 이러한 부정은 '인식'을 통해 이해하고 있는 것, 즉 사람들이 부여하고 있는 정의를 바탕으로 설명될 것이다. 그런데 정의가 명백한 특징들을 많이 가지고 있을수록, 존재의 어떤 유형을 더 잘 한정하기 위해 정의는 더욱더 양립될 수 없다. 반면에 정의가 몇몇 특징들을 포기하면, 그것은 좀더 많은 개인을 포괄할 것이다. 그러므로 여기서 우리가 좀더 확대 해석할

수 있는 것은, 정확히 인식에 대한 정의로 인해 발생되는 것이다. 환경 속에 실존과 현실 적응, 주의, 기억… 세상과 관련해 동물을 규정하고 있는 모든 요소들, 어떤 이들에겐 의식 현상을 뚜렷이 다듬을 수 있게 해주는 이들의 감정적인 측면을 확대 해석할 수 있다. 여기서 베르그송의 생각만큼이나 아리스토텔레스의 생각도(검토된 살아 있는 존재에 따른 영혼의 세 가지 유형) 사고를 풍부하게 만들기 위해서는 매우 값지다. 따라서 동물의 인식을 부정하는 것은 정의 속에 포함시킬 것인지 포함시키지 않을 것인지를 선택할 수 있는 부분이다. 그렇다면 **이러한 선택은 왜 하는가?**

…그러므로 분석의 마지막 단계에서는 두 가지 이유, 즉 **심리학적인 이유와 철학적인 이유**를 내놓을 수 있을 것이다.

분명히 어떤 인식 현상(이중성)을 근거로 해서 인간은 오로지 대비를 통해, 그리고 인간이 아닌 존재의 가치 하락을 통해 이해되고 있다. 심리적인 측면과 대조를 이루면서 제시되고 있기 때문이다.

다른 관점에서 서양 철학은 최소한의 물질주의적 성향과, 그리고 본능으로 귀속되는 자연에 대한 가치를 충분히 하락시키는 개념들을 전개할 것이다. 플라톤·데카르트·칸트 등 우리는 기준을 선택할 여지가 있다! 인간은 이성을 타고났기 때문에 모든 동물계보다 위에 있으며, 그러므로 모든 자연 상태와 똑같다.

한편으로는 명제를 세심히 표현해야 할 것임을 알면서도, 또 다른 한편으로 우리는 제기된 질문을 벗어나지 못하고 있다. 즉 **토론이 아닌 정당화해야 하는** 증명 상태에 있다. 우리는 단순하게 **어떤 조건에서 이런 명제가 정당화되는지를 보여** 주고 있을 뿐이다. 그러므로 다른 관점에서 볼 때, <u>게다가</u> 그 조건들은 사실 기억하지 않아야 하는 조건들이다!

5. 예술이 무익하다고 비난할 수 있는가?

잘못된 생각

● 기본적인 반응은 강하게 이의를 제기하도록 이끌고 있다. 예술은 매우 유용한 것처럼 생각되기 때문이다. 그러므로 질문의 의미는 드러나지 않고 있다. 명백해 보이는 것을 다시 문제삼고 있는 이유가 무엇인가?

● 그러나 '무익한'이란 형용사는 예술에 귀속되어 있다. 달리 말해 그것은 예술의 특성을 규정짓고 있다.

따라서 무익은 예술에 속해 있는 것처럼 생각되는 특성이다. 예술 '의' 무익과 관련되어 있다.

그래서 제기된 문제는 다음과 같다. 예술이 무익하다고 생각하기 때문에, 또는 무익함이 특성처럼 예술의 일부분을 이루고 있다는 이유로, 우리는 예술이 가진 그러한 점을 비난할 수 있을까?

과연 예술이 무익하다는 사실을 비난할 수 있을까?

따라서 토론은 먼저 우리가 실제로 예술에 대해 그러한 비난을 할 수 있는지를 생각해 보며, 그런 다음에 그렇게 하는 것이 타당한지, 그럴 권리가 있는지를 생각해 보게 한다.

여기서 예술의 무익은 근본적으로 토론의 대상이 아니다.

스쳐간 사고들

● 분석의 첫번째 단계에서 우리는 어떤 의미에서 예술이 무익하다고 비난할 수 있을 것인지를, 무익하다고 비난할 능력을 가지고

있는지를 생각해 볼 것이다.

만약 그것이 하나의 비난이라면, 그 특성이 부정적인 것으로 생각되기 때문이다! 무엇과 관련해서? 단어 자체가 그것을 애써 가리키고 있다. 무익한=유용하지 않다. 유용한이란 단어는 실리적인 것으로 그것의 부정 표현이 아니다. 즉 그 기준은 예술의 평가 기준이다.

만약 실리적인 것=유용한 것이라면, 즉 '유용한'이란 개념이 모든 실증성으로 뭉쳐진 것이라면, 그렇다면 실제로 그 개념은 아무런 가치도 지니지 않는다고 비난받을 수 있다.

유용하지 않기 때문에, 가치 없는 현실을 만들어 내고 있기 때문에 정신의 예술적인 활동과 상태 그 자체는 가치가 없다.

그렇다면 우리는 분명 이런 관점에서 예술에 대한 실리적인 명제들이 전개되리라는 점을 보여 줄 수 있을 것이다. 사실 우리는 예술이 근본적으로 무익하다고 개탄해하고 있기 때문에, 마찬가지로 그것이 '무언가에 사용될 수 있도록' 노력하고 있다! 바로 이런 노력 속에서 우리는 예술에 부여해 줄 여러 가지 다양한 기능들을, 즉 정치적·종교적·철학적인… 기능들은 제외한 심리적·역사적·문화적인 기능들을 찾아낼 것이다!

● 두번째 단계에서는 조금 전에 살펴보았듯이 예술의 무익함을 비난할 수 있다면, 이는 우리가 그럴 정당성, 즉 그럴 권리를 가지고 있음을 의미한다고 가리킬 수 있을까?

실제로 여기서는 어떤 현실이 있는 그대로 실존하는 것에 대해 비난하는 것은 아닐까? 이는 어떤 의미가 있을까? 예술에 대해 그런 비난을 하는 것, 그것은 예를 들어 예술이 예술에 속하는 것을 비난하는 것이지… 기술에 속하는 점을 비난하는 것은 아니다! 다르게 말해서 예술이 하나의 목적을 향해, 그리고(아주 작은 비교 연구를 통해 물론 입증할 수 있는) 효율성이라는 기준에 따라 **본질적**으로 존재하지 않음을, 수단이 아님을, 매개물이 아님을, 도구가 아님을 비난하는 것이다.

● **세번째** 단계에서는 미학적 통찰(명상·응시)에 대한 명제들만큼이나 창조에 대한 명제들도 전개하면서, **예술**은 폴 클레의 적절한 표현에 따르면 '**보이지 않는 것을 가시화해 준다**'는 것을 **증명할 수 있을** 것이다. (재치 있는 문단이 이 표현이 가지고 있는 의미를 예술적으로 설명할 수 있을 것이다.)

유용함이 유일한 존재 가치는 아니므로, 예술이 무익하더라도 매우 실용적이라는 생각을 옹호할 수 있을 것이다.

좀더 멀리 나아가 볼 수도 있다. 아름다움과 진리는 예술이 인간 조건의 근간이라는 의미에서 인간 조건을 이루는 컷으로서 공존하는 것을 예술 속에 함축시키고 있다.

그래서 예술은 **무익하긴 하나** 이에 상관 없이 실리적이지 않다는 것이 아니라, 바로 그 무익함 때문에 실리적이지 않을 것이다.

그러므로 우리는 예술이 무익하다고 비난할 수 없다. **바로 이런 무익함 덕분에 예술은** 끊임없는 긴장 속에서 인간 스스로가 존재와 의미를 찾는다는 것을 파악하고 있기 때문이다.

IV

무력화시키는
혼미 상태를 치유하기…

불확실한 표명들

1. '인생사 앞에서 '자연스러운 거야' 라고 절대 말하지 마라! '계산서를 확인해, 네가 지불할 거니까' 라는 말을 어떻게 생각하는가?

문장 분석

● 나는 이 말을 어떻게 생각하느냐고 질문받고 있다. 물론 말로 표현될 수 있기 이전에 그 말이 의미하고 있던 바를 먼저 이해해야 할 것이다!

어떻게 시작해야 하나?

데카르트식의(《방법 서설》, 2부) 고전적인 방법은 모든 난점들을 동시에 '일괄적으로' 대처하지 않는 데 있다. 그러나 그 방법은 난점들을 하나씩 살펴보기 위해 가능한 만큼의 요소들로 나눈 뒤, 마지막으로는 풀린 실타래 전체를 논리적인 체계를 바탕으로 재구성하고 있다.

따라서 우리는 '어떻게 생각하는가' 를, 즉 정당성에 대한 질문과 그런 말이 지니는 가치에 대한 질문을 차후의 단계로 넘기고, 우선은 그것의 의미를 끌어내 보자.

▶ 문장의 전반부, 즉 인생사 앞에서 '자연스러운 거야'라고 절대 말하지 마라!의 억양은 분명 명령조는 아닐망정 가장 생생한 충고를 하는 어조이다. '인생사'란 표현은 우리들의 생활 방식을 (십중팔구 그것을 규정짓고 있는 것을) 가리키고 있는 것으로 생각된다. '인생'의 사건들과 관련이 있다. 고로 어떤 의미에서는 특히 우리와는 실제 관련이 없다. 우리는 생활하고 있으므로 오히려 우리에게 발생되었거나, 또는 앞으로 불가피하게 일어나게 될 일과 관련이 있다. 즉 타인에게서 비롯된 불행이나 불만들과 관련이 있는 것인가? '인생이란 그런 거다!' 사실 우리는 혼자 살고 있지 않으며, 그리고 다른 사람들이 '항상 천사'는 아니니까! 특히 항상 천사인 그런 사람들이 있는가? 물론 아니다! 인간들은 격렬하고 자기중심적이며 질투하게끔 만들어졌다고 생각된다…. 그것이 바로 '인간의 본성'인 것이다!

이것이 바로 사람들이 실제로 말하거나, 또는 일반적으로 말하고 싶어하는 바로 그것이다. 그런데 우리들의 현자는 우리가 아주 빨리 본질을 원용하지 않도록 명백히 충고하고 있다.

● 연구를 계속해 보자. 인생사가 외부 세계로부터 우리에게 발생될 수 있는 모든 일들을, 우리들 모두의 몫으로 피할 수 없는 '인생의 법칙들'을 나타내고 있는 것이라면, 사람들은 우리를 죽이는 아주 다양한 실패와 질병을 생각해 볼 수 있다. 또한 인생사가 사랑과 일, 가정 생활, 사회적·정치적 현실, 그러니까 평화나 전쟁, 나의 조국의 전통, 지배적인 종교의 원칙들, 사회 구조 등을 지칭하는 것은 아닐까?

　　이런 현실들은 조금도 자연 그대로의 것이 아닌 것 같다. 그렇다면 우리는 무슨 말을 하고 있는 건가? 이런 현실들이 **자연의 지배를 받는 현실 세계와 마찬가지로 똑같은 필요성을, 똑같이 외적이며 냉정한 특성**을 지니리라고 생각하는 것은 아닐까? 이런 현실들이 똑같은 결정론으로 내게 강요되고 있지는 않을까? 이것이 바로 '자연스러운' 이란 용어가 암시하고 있는 것이다. '해야 할' 것은 아무것도 없다. 간섭하지 말고 모든 것을 받아들이자.

　　▶ 문장의 후반부, 즉 '계산서를 확인해, 네가 지불할 거니까' 라는 표현은 명백하다. 달리 말해 아주 작은 분류도 하지 않은 상태라서 '자연스럽기' 때문에 지극히 당연한 것이라 생각할 경우, 나는 여러 개의 불행한 결과들―― '계산서' ――을 책임지고 받아들여야 한다. **내가 만약 불행한 결과들을 피할 수 있다고 생각했었다면, 그 불행한 결과들은 아마도 발생하지 않았을 그런 결과들**이다. 그러므로 사람들이 해로운 일 같으면 필요한 것은 아무것도 없다고 인식해 버리는 현상들과 상황들은, 그런 상황과 현상들이 발생되는 것을 피하기 위해 '알 속에 억눌려져' 있을 것이다. 그것들의 진행 과정도 무조건적인 작동을 하는 것을 아무것도 가지고 있지 않으므로 적당한 순간에 멈출 가능성이 있다. 멈추지 않으면 치러야 할 '값' 은 무거울 것이다.

　　▶ 그래서 '어떻게 생각하는가?' 라는 문장은 상당수의 여러 현실과 상황에 대해 소위 '자연스러운' 특성과 관련 있는 판별, 즉 **원칙에 따른 지적 가치와 도덕적 가치**를 입증토록 유도하고 있다. 이런 판별은 실존하고 발생되는 것 모두를 느리게 수용하지 않는 한, 생활 속에서 전적으로 내게 속하고 그리고 친구와 동향인들과 연

계되어 일어난 행동에 속하는 것을 '담당할' 수 있도록 유도한다. 자신만의 생활 방식과 개척할 수 있는 운명을 박탈당하게끔 가만히 있지 말라는 것은 분명 제기되는 아주 유용한 충고이다.

문제 표명

그러므로 이 표현을 곰곰이 생각해 본다는 것은, 곧 인간의 자유와 본성의 역할을 심사숙고해 본다는 것이다. 본성은 정상적인 것인가? 일반적인 것인가? 만약 정상적이고 일반적인 것이라면, 그렇다면 정상이기 위해 그렇지 않은 것을 선택하지 않은 건가? 아니면 절대적 결정론에 대한 스토아학파의 명제를 공유해야만 하는가? 거기다가 모든 것을 수용해야만 하는가?

2. 풍경이란 무엇인가?

언술 분석

어리둥절하게 만드는 특성이 있음에도 불구하고 이 질문은 속임수를 쓴다거나, 기분 나쁜 점을 조금도 포함하고 있지 않다. 고로 질문 자체만 심사숙고하면 된다. 여기서는 아주 이상적인 상황이다. 언뜻 보기에는 '관계되어 있는' 것도, 생각해 볼 가능성 있는 내용이 될 만한 것도 아무것도 보이지 않기 때문이다. 그러나… 분명 본질적인 것은, 즉 곧바로 시행되어야만 하는 사고 자체가 남아 있다는 것이다.

▶ 무엇을 근거로 해야 하나? 어디서부터 시작해야 하나? 이제까지 했던 것처럼 언술에서부터 시작하면 된다. 환상 속에서 모든 의미를 찾아 헤매는 상상 세계를 통해 돌발적으로 발생되는 것이 아니라 사전 속에서, 그리고 현생활 속에서 가리키고 있다고 추정되는 그 무엇에 대해 가장 근접하게 생겨나는 의미와 언술의 표현에서부터 시작하면 된다.

'무엇'은… '현재 실존하고 있는 것'을 물어보는 것이다. (그렇게 어렵지 않다!)

상황을 뒤집어 보면 더 이해하기 쉽다. 우리는 그 특성들을 찾아내면서 무언가에 대한 본질을 정의하려 애쓰는, 즉 본질을 명확히 하려 애쓰는 방법을 볼 수 있기 때문이다.(플라톤, 《메논》)

그렇기 때문에 소크라테스는 '진흙은 무엇인가'라고 질문을 던졌다. 납득할 만한 유일한 대답을 한다면? '물과 흙의 혼합물'이다. 내가 가진 외적인 실체를 정의해 보자. 나는 실제 존재하는 것으로 그 이외의 다른 것은 될 수 없는… 나의 외적인 실체를 이루는 특성들을 파악해 보려 애쓰고 있다! 이것이 바로 여기서 우리가 해야 하는 일이다.

그렇다면 '풍경은 풍경이다'라고 형성해 주는 것은 무엇인가? 언덕들? 나무들? 시냇물? 평화로워 보이는 소떼들? 목동? 무리지어 있는 아이들? 마을의 집들? 도시와 그 안의 공장들? 도로와 철도? 그러면 자동차들과 기차는? 전선은? 구름은…?

● 첫번째 지적: 나는 '풍경'은 이런 요소들 각각을 말하는 것이 아니라, 그 요소들이 형성하는 전체라고 말하고 있다.

● 두번째 지적: 나의 즉각적인 반응 성향은 도시의 실체를 열거하고 있지만, 아마도 자연의 실체를 우선시하고 있다. 그리고 인간에 의해 생성된 모든 실체조차도, 예를 들어 산업 풍경도 '풍경'

이라는 명칭 속에 들어갈 수 있을 것처럼 생각된다.

그러므로 이런 개념 속에서 두 가지 지적은 '공원, 자연식 조경의 정원'이라는 표현으로 서로 어우러지고 있다. 바로 인간이 무언가를 만들 목적으로 어떤 이치에 맞게 배치하고 꾸민 자연스러운 요소들 전체를 인위적으로 만들고 있다….

▶ '전체에 대한 시각'

자연적인 것과 인위적인 것을 결합하는 것은 동시에 '풍경'이란 단어의 두번째 용법으로 연결되지는 않는가? 사실 우리는 두 가지 방식으로 **풍경화가**일 수 있다. 즉 '건축가이면서 조경사'이자 또한 '예술가이면서 화가'일 수 있다. 화가는 아니더라도 풍경보다는 초상화, 또는 생기 없는 자연을 더 선호할 수 있다.

우리는 '전체에 대한 **시각**'에 관해 언급하였다. 물론 지금까지는 시각적인 현상이 매우 기본적인 것처럼 보인다. 그러나 우리가 그것을 초월할 수 있을까? 실제로는 그럴 수 있다. '음악적 풍경'이나 '소리 풍경'에 대해 말하지는 않을 건가? 결합해서 '시청각적인 풍경'에 대해서는? 오감의 틀에서 빠져 나와 보도록 하자. 좀더 추상적으로, 좀더 지적으로 형성되고 있기 때문에 실제로 우리는 '정치 풍경' 또는 '문화 풍경'에 대해 말하게 될 것이다.

결국 비유적 의미의 사용은 무엇을 밝혀내고 있는가? 아마도 우리가 그것을 인식하지 못하는 플라톤주의자라는 것일 터이다. 실질적으로 '본다'는 것은 영혼이 이러저러한 관계(들)를 찾으면서 동시에 고려해서 검토하는 것을('당신이 할 수 있는 것을 검토해 보십시오'), 그리고 영혼이 이해하는 것, 즉 '나는 당신이 말하고 싶어하는 것을 이해한다'는 바를 의미한다.

표현이 지니고 있는 다의성(의미의 복수성)은, 판단하기 어렵게 정신을 뒤죽박죽으로 만들기보다는 감각적이고 지적인 차원을 함께 파악할 수 있는지 그 여부에 대한 사고를 풍부하게 만들어 준다.

그러므로 '전체적인 시각'으로서의 풍경은 **대상들과 주체가 동시에** 작용하는 역설적인 현실을 구성하고 있다. 대상들은 나와는 상관 없는 별개의 것들이며(언덕·기차 같은 풍경 요소들, 그리고 텔레비전과 라디오의 프로그램들, 도덕적 이론들, 현정치들 등), 주체는 이런 대상들을(감각과 영혼들을 통해) 인식하면서 자신만이 소유하는 방식으로 이들을 결합하고 있다. 어떻게?

최소한 선택 가능한 두 유형을 끄집어 낼 수 있을 것 같다. 먼저 우리는 몇몇 요소들에 가치를 부여하면서 슬며시 또 다른 것들로 넘어가고 있다….

그리고 나서 우리는 '시각적 영역'이 지니는 범위에 따라 똑같은 풍경을 보게 되지는 않을 것이다. 내가 시선을 이쪽 또는 저쪽 방향으로 바꿈에 따라 결정되는 일체는 다양한 크기를 가질 수 있으며, 또한 전체로서 어떤 특성, 즉 다른 것과는 매우 구별되는 인상을 가질 수 있다.

우리 모두 사진 촬영을 하면서 이런 경험을 할 수 있다. 그런데 정신적인 유형의 모든 이해는 모든 본질의 기준에 의해 똑같은 선별 작업을 실행하고 있다.

다르게 말해 단순히 '보여지는' 것과 관련해서 볼 때, 시각은 보는 사람에 의해 달라지기도 하지만 보고자 하는 것에 의해서도 달라진다고 할 수 있다면, 그렇다면 '풍경'은 바라보면서 생각하는 사람에게만, 그런 사람에 의해서만 구성될 수 있을 것이다. 전체에 대한 생각 자체는 풍경이라고 명확히 규정하고 있는 것 속에서 나타나며, 오로지 풍경을 전체적으로 생각하고 풍경 '자체를 그런 식으로 구성하는' 존재로서만 실재할 수 있을 것이다.

'삶의 환경'이라는 것이 동물의 것이라면, 그에 반해 '풍경'은 인간의 것이다.

스쳐간 사고들

요약 분석이 조금 전 구축한 것에 힘을 얻어, 스쳐간 사고들에 대한 연구는 풍경의 실재 자체가 행동하는 핵심을 구성한다고 생각되는 것에 집중될 수 있다. 즉 연구는 **주체와 대상의 만남**에 집중될 것이다.

● <u>첫번째 스쳐간 사고</u>는 칸트를 통해 인간의 이해 양상에 대한 성찰 속에서 우리에게 제공되었다. 유일한 조건들은 '<u>선험적으로</u>' (겉보기에, 그리고 모든 경험에 앞서) 세상에 대해 우리가 감각적인 경험이라 부르는 것을 가능하게 만들어 주고 있다. 다르게 말해서 감각 기관에 의한 모든 인식이 일어날 때, 칸트가 '<u>선험적인 형태들</u>'이라고 칭하던 것의 간섭이 일어난다. 선험적인 형태들은 감지되는 대상을 가지고 이해해야 할 것이 아무것도 없음에도 불구하고, 한 주체가 모든 대상을 파악할 수 있게끔 해주는 것이다. 공간과 시간은 바로 이런 '형태들'을 구성하고 있는 듯하며, 감지할 수 있는 모든 현실은 이런 '형태들'을 통해 파악되고 있다. 그럼으로써 **주체는** 분산되고 분리되는 감각일 듯한 것만을 **통합하고 있다.** 즉 우리는 지각하고 있다. 그리고 여러 가지 지각한 것들의 통합은 일반적으로 경험을 형성하며, 바로 그런 틀 속에서 '풍경,' 즉 전체적인 시각은 동화되고 있다.

그러므로 우리가 파악하고 있는 방식과는 별개로 '자아 속의' 세계가 본질적으로 접근할 수 없는 것이라면, 그렇다면 **우리가 그것을 풍경으로 구성하고 있는** 한 '자아 속에' 있는 풍경은 그 어떤 것도 존재하지 않는다.

● 두번째로 스쳐간 사고는 '게슈탈트 이론'이라고, 또는 '형태심리학'(폴 기욤)이라고 칭하는 것에 대해 샅샅이 뒤져 가면서 첫번째 사고를 보충할 수 있을 것 같다. 이런 사고의 경향은 모든 형태가 분산되어 있는 요소들을 통합하기 때문에 '지각'이나 기억보다 더 우월하다고 강조하고 있다. 그 기억은 똑같은 요소들이 잡다하게 분산된 상태로 존재할 수도 있는 것이다. 더구나 우리는 여러 가지 '형태들' 사이에서, 즉 여러 가지 가능한 집합들 사이에서 **우리에게 가장 감각적인 것**을 단번에 표현하는 사람을 신임하고 있다.

유아 시절 수수께끼의 원동력에 일관성 있게 긴밀히 연결되어 있는 풍경 속에서 '숨어' 있을 어떤 대상, 어떤 동물, 또는 분명한 인물을 찾아야 한다.

● 그러므로 두번째로 스쳐간 사고는 인식에 대한 사르트르 철학의 몇 가지 분석을 다시 하게 될 세번째 사고와 연결되어 연장될 수 있다. 지향성을 통해 내려지는 인식의 객관적인 판단력은 인식을 규정하고 있다. ("모든 인식은 ~을 인식하고 있다"는 것이라고 후설은 말했다.) 그때부터 세상과의 거리 간격, 단절, 이런 종류의 대면 모두를 지배하면서, 한편으로는 동시에 그것에 어떤 의미를 제시하고 있다.

의미 있는 행위를 하는 인간은 분명하고 사려 깊은 의도와 기억력에 따라, 그리고 가장 은밀한 의도와 기억에 따라 의미를 연구하고 또 연구한다. 그러므로 여기서 우리는 특히 프로이트와 정신분석에 대해 좀더 많이 생각해 볼 수 있다.

그 다음엔 '풍경이 묘사하는 것이 무엇인가'에 대해 의문을 가지면서, 세잔의 작품에 대한 명상 자체를 마무리지을 수 있을 것이다. 특히 메를로 퐁티는 화가가 풍경을 만들어 내면서 그것을 어떻게 이해하길 바라고 어떻게 표현하길 기대하는지 강조하고 있다.

세잔은 프로방스 지역에 있는 생트빅투아르 산을 60회 이상 그리면서 무언의 약속에 대해 조금 이해하는 데 기운이 빠져 버릴 것이다. 그런데 그런 무언의 약속이 이루어지는 이상한 교류를 밝히려는 거대하고 놀라운 도전이….

그래서 풍경이 무엇인지를 생각한다는 것은, 결국 '세상에 존재한다'는 것이 의미하려는 바를 좀더 심도 있게 탐구하려 시도해 보는 것은 아닐까?

3. 간단한 분석들

'수학도 학문이다. 그렇지 않으면 우리는 무슨 말을 하는 것인지, 우리가 말하고 있는 것이 사실인지 아닌지 그 여부를 알 수 없다' 라고 버트런드 러셀은 말했다

▶ 여기 언술에는 의견이 없다. 그 이유는 선행된 언술의 이유와는 조금 다르다. 여기서 연구하는 데 문제가 되는 것, 그것은 제시된 개념이——그러나 그 누구도 '거기서는 아무것도 알고 있지 않다!'——수학적으로 이야기되고 있는 바를 전적으로 거스르고 있다는 것이다. 수학은 모든 명예를 안고 있는 학문이자 '정밀과학'의 모델이며, 오늘날 거의 모든 영역에서 절대 없어서는 안 될 것이다. 따라서 그것은 누구든지간에 사람의 지적 수준을 법적으로 유효하다고 인정해 줄 수 있을 뿐만 아니라, 신뢰할 수 있기를 바라는 모든 과정의 '과학성'을 법적으로 인정해 주고 있다.

● 그러면 그러한 발언을 어떻게 이해할 수 있는가?

우선 이런 사회 통념 모두를 분명하게 벗어던지자. 즉 '빈 공간을 만들고,' 그리고 수학을 이루고 있는 것에 대한 기초적이고 간단한 이유를 다시 생각해 보자. 실제로 수학은 무엇에 대해 말하고 있는가?

이런 견지에서 **정의**에 대한 검토는 교육적일 수 있다. 본질을 연구하는 동료와 달리 수학자는 정의를 통해 <u>주제를 만들어 내기</u> 때문이다. 수학자의 정의는 새나 물처럼 인간의 정신과 무관한 현실 세계에 대한 기술이 아니다. 수학자는 삼각형이나 원을 정의하면서 그것들을 만들어 내고 있기 때문이다.

● 우리는 논리적 관계의 진정한 우월성을 수학 속에 채택한 **공리 체계**에 의해 이런 생각을 연장할 수 있을 것이다. 그러므로 체계는 이를 지배할 수 있는 여러 개념과 법칙들을 결합할 수 있는 수많은 가능성에서부터 출발하는 <u>영혼의 기초적인 유희</u>이다. 그렇다면 여기서 '우리는 정확히 **무엇에 대해** 말을 하고 있는 것인가?'

▶ 러셀은 또한 '사람들이 말하고 있는 것이 수학적으로 사실인지를 알 수 없다'고 했다. 그는 무엇을 암시할 수 있는가? 무엇이 수학적으로 확대해서 과학적으로 명제의 참을 형성할 수 있을 것 같은가? 그리고 근거 없다기보다는 치밀하다고 주장하는 것 모두를 형성할 수 있을 것처럼 보이는가?

● 그것이 **증명**되었다면! 그러면 얼마나 효율적이겠는가! 연장들, 즉 방법들이 이에 대한 설명을 세밀히 하였다. 우리는 수학가에게 발전하는 일반화를 허용하면서, 한편으로는 절대적 엄정성을 제공하는 연역적 유형의 추론을 떠올릴 수 있을 것이다. 게다가 대체 방식과 또 다른 연산 기법들은 수학자가 결론을 입증할 수 있

도록 해준다. 그렇다면 모든 것이 증명되고 있지 않은가…! 모든 것이? **출발점**들은? 정의들은 '제기'되어 있는가? 그리고 공리, 즉 가정은 사정이 어떠한가? 만약 공리가 완전히 증명될 수 없다면, 이는 공리의 이치가 모든 사람에게 인정받고 있기 때문에 공리를 아무런 문제 없이 있는 그대로 받아들일 것 같은 느낌이 든다. (예를 들어 '전체는 부분보다 더 크다.')

● 그러나 참의 기준처럼 생각되던 이런 이치가, 단지 우리의 정신에 대한 법규 자체와 부합되고 있다는 이유로 실행되지는 않는가? 다르게 말해 '자기 자신과의 사고 일치를 절대로 밝히지 말아라. **그러나 그것은 정말로… 사실인가?'** 라고 러셀은 말했을 것이다.

가정에 따르면, 공리가 지니고 있는 똑같은 명증성은 없다! (여기서는 있는 그대로의 공리를 상기하자. 그리고 공리 체계가 어떻게 '가정학'처럼 좀더 정확히 지칭할 수 있게 되는지를 증명하자.)

그래서 수학이 정리(定理)의 '진리' 속에서 전적으로 인간 정신의 본질 자체에 의해 생겨난 협약 체계를 근거로 이루어진 것이라면, 우리는 이런 학문의 경우 '그 학문이 말하고 있는 것이 사실임을 알 수 없다'고 명시하면서 버트런드 러셀이 말하고자 했던 바를 잘 이해한다.

▶ 그러면 그러한 관점이 끄집어 내고 있는 철학적인 문제점들에 대해 논할 일만 남게 된다. 우선은 수학이 또 다른 지식에 대해 활약하고 있는 역할, 즉 도구의 역할이자 또한 설명 도표를 만들 수 있게 해주는 모델의 역할에 대한 생각으로 접근하게 될 것이다.

그때부터 이런 요소들에 의거해 인간의 모든 이해에 대한 위치 자체의 문제를 재검토하는 일이 필히 요구되는 것 같다.

내가 우리 집에 식인 풍습을 권유하게 될까?

▶ 첫번째 반응은 통과하고, 여느 때처럼 언술에 직접 맞서 보는 것이 채택할 수 있는 가장 좋은 태도이다.

문장을 지배하고 있는 단어는 식인 풍습이다. 그것은 무슨 의미인가? 물론 식인종을 뜻한다. 그렇다면 이는 무슨 의미인가? 좀더 정확히 말해 인육을 먹는 인간을 의미한다. 매식사마다? 대답하기 위해 나는 무엇을 해야 하나? 이런 경우 나는 인간의 문화와 깊은 관계를 맺고 있는 관례 의식 현상들을 인용한 인류학 문서를 참조한다. 따라서 내가 이런 문화를 안다는 것은, 내가 가진 문화의 도덕·종교·철학이 배척하고 있는 어떤 행위들의 의미를 알게 되는 것이다.

▶ 그러면 식인 풍습을 발견하는 것이 야만인을 만나는 것이라 할 수 있는가? 어떤 명백한 의미에서 그러한가? (여기서는 특히 레비 스트로스의 분석에서 영감을 받아 자연과 문화에 대한 문제 쪽으로 사고의 방향을 잡아 갈 것이다.)

만약 식인 풍습이 이런 행위들을 배척하는 인간, 즉 **내가** 가진 문화와 문명 속에 있는 인간이라면?

아마도 우리는 예외적인 두 가지 가능성을 찾게 될 것이다. 즉 생존을 위한 일시적인 유일한 조건, 아니면 정신병리학에 속하는 아주 심각한 정신 장애를 찾아낼 수 있다.

전자의 경우는 도덕성의 문제가 제기된다. 후자는 인간의 복잡하고 끝없는 상징적 능력에 의해 마음속에서 활동하고 있는 정신 구조에 속하고 있다.

따라서 이 질문에 대한 대답은 사고의 여러 가지 조건들을, 요컨
대 상당히 고전적인 여러 조건들을 이룰 것이다!

■ 무엇을 기억해야 하는가?

▶ 의견의 함정에서 빠져 나오라.

제시된 언술에 대해 내가 보인 즉각적인 의견을 명백히 확인한
다. 그러기 위해서는 구두로, 그리고 서면으로 표명하는 데 망설이
지 않는다. 언술을 다시 살펴보고 **개인적인 생각을 배제한 채** 냉정
하게 분석해 본다. 오류를 밝혀내기 위해 그 둘을 비교한다.

▶ 중단되어 버린 생각은… 어떻게 하나?

모든 형태에 따라, 즉 동사·명사·형용사·부사에 맞게 단어를
성·수·격에 따라 어미 변화시켜 본다. 그리고 동의어라고 생각되
는 표현과 대립된다고 생각하는 표현을 살펴본다. 그리고 가능하면
그것을 어원학적으로—— '핵심 부류' ——즉 앞에 덧붙이는 접두사
와 뒤에 덧붙이는 접미사로 분해시킨다.

거기서 발생되는 것 모두를 <u>선험적으로</u> 거부하지 않도록 한다.
유일하게 언술과 다루어야 할 문제와의 대조는 여기서는 거부를,
그리고 저기서는 유지하는 바를 정당화시켜 줄 수 있을 것이다.

'다르게 말해'의 기법은 다른 표현으로, 즉 <u>똑같은 생각</u>을 좀더
'말하고 있는' 당신의 표현을 재표명하고 생각을 명확히 할 수 있
도록 해주고 있다. 그러나 도중에 생각을 바꾸지 않도록 조심하라!

당신의 분석을 명확히 밝혀 주는 분석을 위해서만 작가를 소환
한다. 당신은 질문 속에 제기된 문제에 대해 생각하면서 발전할 수

있다. 그러나 특히 당신이 조심스럽게 비우게 될 영역을 점령할 목
적으로, 그리고 당신의 입장에서 생각할 목적으로 작가를 소환하지
는 마라!
　마지막으로 처음부터 끝까지 분석한다는 것은 마무리를 잘 짓겠
다는 것을 전제로 한다. 그러므로 기본적인 사정거리와 무게 전체
가 주는 타당한 '추락'을 제기하고 있음을 생각해 보기 바란다.

최은영
단국대학교 불문과 졸업
서강대학교 대학원 졸업
역서로는 《이성의 한가운데에서》가 있다

현대신서
88

철학 연습

초판발행 : 2001년 11월 15일

지은이 : 마들린 아롱델-로오
옮긴이 : 최은영
펴낸이 : 辛成大
펴낸곳 : 東文選

제10-64호, 78. 12. 16 등록
110-300 서울 종로구 관훈동 74번지
전화 : 737-2795
팩스 : 723-4518

편집설계 : 韓智硯·李姃旻·李尚恩·李惠允

ISBN 89-8038-191-3 94100
ISBN 89-8038-050-X (현대신서)

【東文選 現代新書】
 1 21세기를 위한 새로운 엘리트   FORESEEN 연구소 / 김경현   7,000원
 2 의지, 의무, 자유 — 주제별 논술   L. 밀러 / 이대회   6,000원
 3 사유의 패배   A. 핑켈크로트 / 주태환   7,000원
 4 문학이론   J. 컬러 / 이은경 · 임옥회   7,000원
 5 불교란 무엇인가   D. 키언 / 고길환   6,000원
 6 유대교란 무엇인가   N. 솔로몬 / 최창모   6,000원
 7 20세기 프랑스철학   E. 매슈스 / 김종갑   8,000원
 8 강의에 대한 강의   P. 부르디외 / 현택수   6,000원
 9 텔레비전에 대하여   P. 부르디외 / 현택수   7,000원
10 고고학이란 무엇인가   P. 반 / 박범수   근간
11 우리는 무엇을 아는가   T. 나겔 / 오영미   5,000원
12 에쁘롱 — 니체의 문체들   J. 데리다 / 김다은   7,000원
13 히스테리 사례분석   S. 프로이트 / 태혜숙   7,000원
14 사랑의 지혜   A. 핑켈크로트 / 권유현   6,000원
15 일반미학   R. 카이유와 / 이경자   6,000원
16 본다는 것의 의미   J. 버거 / 박범수   10,000원
17 일본영화사   M. 테시에 / 최은미   7,000원
18 청소년을 위한 철학교실   A. 자카르 / 장혜영   7,000원
19 미술사학 입문   M. 포인턴 / 박범수   8,000원
20 클래식   M. 비어드 · J. 헨더슨 / 박범수   6,000원
21 정치란 무엇인가   K. 미노그 / 이정철   6,000원
22 이미지의 폭력   O. 몽젱 / 이은민   8,000원
23 청소년을 위한 경제학교실   J. C. 드루엥 / 조은미   6,000원
24 순진함의 유혹 〔메디시스賞 수상작〕   P. 브뤼크네르 / 김웅권   9,000원
25 청소년을 위한 이야기 경제학   A. 푸르상 / 이은민   8,000원
26 부르디외 사회학 입문   P. 보네위츠 / 문경자   7,000원
27 돈은 하늘에서 떨어지지 않는다   K. 아른트 / 유영미   6,000원
28 상상력의 세계사   R. 보이아 / 김웅권   9,000원
29 지식을 교환하는 새로운 기술   A. 벵토릴라 外 / 김혜경   6,000원
30 니체 읽기   R. 비어즈웍스 / 김웅권   6,000원
31 노동, 교환, 기술 — 주제별 논술   B. 데코사 / 신은영   6,000원
32 미국만들기   R. 로티 / 임옥회   근간
33 연극의 이해   A. 쿠프리 / 장혜영   8,000원
34 라틴문학의 이해   J. 가야르 / 김교신   8,000원
35 여성적 가치의 선택   FORESEEN연구소 / 문신원   7,000원
36 동양과 서양 사이   L. 이리가라이 / 이은민   7,000원
37 영화와 문학   R. 리처드슨 / 이형식   8,000원
38 분류하기의 유혹 — 생각하기와 조직하기   G. 비뇨 / 임기대   7,000원
39 사실주의 문학의 이해   G. 라루 / 조성애   8,000원
40 윤리학 — 악에 대한 의식에 관하여   A. 바디우 / 이종영   7,000원
41 武士道란 무엇인가   新渡戶稻造 / 심우성   근간

42 진보의 미래	D. 르쿠르 / 김영선	6,000원
43 중세에 살기	J. 르 고프 外 / 최애리	8,000원
44 쾌락의 횡포·상	J. C. 기유보 / 김웅권	10,000원
45 쾌락의 횡포·하	J. C. 기유보 / 김웅권	10,000원
46 지식의 불	B. 데스파냐 / 김웅권	근간
47 이성의 한가운데에서 — 이성과 신앙 A. 퀴노 / 최은영		6,000원
48 도덕적 명령	FORESEEN 연구소 / 우강택	6,000원
49 망각의 형태	M. 오제 / 김수경	근간
50 느리게 산다는 것의 의미·1	P. 쌍소 / 김주경	7,000원
51 나만의 자유를 찾아서	C. 토마스 / 문신원	6,000원
52 음악적 삶의 의미	M. 존스 / 송인영	근간
53 나의 철학 유언	J. 기통 / 권유현	8,000원
54 타르튀프 / 서민귀족	몰리에르 / 덕성여대극예술비교연구회	8,000원
55 판타지 산업	A. 플라워즈 / 박범수	근간
56 홍수·상 〔완역판〕	J. M. G. 르 클레지오 / 신미경	8,000원
57 홍수·하 〔완역판〕	J. M. G. 르 클레지오 / 신미경	8,000원
58 일신교 — 성경과 철학자들	E. 오르티그 / 전광호	6,000원
59 프랑스 시의 이해	A. 바이양 / 김다은·이혜지	8,000원
60 종교철학	J. P. 힉 / 김희수	10,000원
61 고요함의 폭력	V. 포레스테 / 박은영	8,000원
62 소녀, 선생님 그리고 신 〔소설〕	E. 노르트호펜 / 안상원	근간
63 미학개론 — 예술철학입문	A. 셰퍼드 / 유호전	10,000원
64 논증 — 담화에서 사고까지	G. 비뇨 / 임기대	6,000원
65 역사 — 성찰된 시간	F. 도스 / 김미겸	7,000원
66 비교문학개요	F. 클로동·K. 아다-보트링 / 김정란	8,000원
67 남성지배	P. 부르디외 / 김용숙·주경미	9,000원
68 호모사피엔스에서 인터렉티브인간으로 FORESEEN 연구소 / 공나리		8,000원
69 상투어 — 언어·담론·사회	R. 아모시·A. H. 피에로 / 조성애	9,000원
70 촛불의 미학	G. 바슐라르 / 이가림	근간
71 푸코 읽기	P. 빌루에 / 나길래	근간
72 문학논술	J. 파프·D. 로쉬 / 권종분	8,000원
73 한국전통예술개론	沈雨晟	10,000원
74 시학 — 문학 형식 일반론 입문	D. 퐁텐느 / 이용주	8,000원
75 자유의 순간	P. M. 코헨 / 최하영	근간
76 동물성 — 인간의 위상에 관하여	D. 르스텔 / 김승철	6,000원
77 랑가쥬 이론 서설	L. 옐름슬레우 / 김용숙·김혜련	10,000원
78 잔혹성의 미학	F. 토넬리 / 박형섭	9,000원
79 문학 텍스트의 정신분석	M. J. 벨멩-노엘 / 심재중·최애영	9,000원
80 무관심의 절정	J. 보드리야르 / 이은민	8,000원
81 영원한 황홀	P. 브뤼크네르 / 김웅권	9,000원
82 노동의 종말에 반하여	D. 슈나페르 / 김교신	6,000원
83 프랑스영화사	J. -P. 장콜 / 김혜련	근간

23 朝鮮의 占卜과 豫言	村山智順 / 金禧慶	15,000원
24 원시미술	L. 아담 / 金仁煥	16,000원
25 朝鮮民俗誌	秋葉隆 / 沈雨晟	12,000원
26 神話의 이미지	J. 캠벨 / 扈承喜	근간
27 原始佛敎	中村元 / 鄭泰爀	8,000원
28 朝鮮女俗考	李能和 / 金尙憶	24,000원
29 朝鮮解語花史(조선기생사)	李能和 / 李在崑	25,000원
30 조선창극사	鄭魯湜	7,000원
31 동양회화미학	崔炳植	9,000원
32 性과 결혼의 민족학	和田正平 / 沈雨晟	9,000원
33 農漁俗談辭典	宋在璇	12,000원
34 朝鮮의 鬼神	村山智順 / 金禧慶	12,000원
35 道敎와 中國文化	葛兆光 / 沈揆昊	15,000원
36 禪宗과 中國文化	葛兆光 / 鄭相泓·任炳權	8,000원
37 오페라의 역사	L. 오레이 / 류연희	절판
38 인도종교미술	A. 무케르지 / 崔炳植	14,000원
39 힌두교의 그림언어	안넬리제 外 / 全在星	9,000원
40 중국고대사회	許進雄 / 洪 熹	22,000원
41 중국문화개론	李宗桂 / 李宰碩	15,000원
42 龍鳳文化源流	王大有 / 林東錫	17,000원
43 甲骨學通論	王宇信 / 李宰錫	근간
44 朝鮮巫俗考	李能和 / 李在崑	12,000원
45 미술과 페미니즘	N. 부루드 外 / 扈承喜	9,000원
46 아프리카미술	P. 윌레뜨 / 崔炳植	절판
47 美의 歷程	李澤厚 / 尹壽榮	22,000원
48 曼茶羅의 神들	立川武藏 / 金龜山	절판
49 朝鮮歲時記	洪錫謨 外/李錫浩	30,000원
50 하 상	蘇曉康 外 / 洪 熹	절판
51 武藝圖譜通志 實技解題	正 祖 / 沈雨晟·金光錫	15,000원
52 古文字學첫걸음	李學勤 / 河永三	14,000원
53 體育美學	胡小明 / 閔永淑	10,000원
54 아시아 美術의 再發見	崔炳植	9,000원
55 曆과 占의 科學	永田久 / 沈雨晟	8,000원
56 中國小學史	胡奇光 / 李宰碩	20,000원
57 中國甲骨學史	吳浩坤 外 / 梁東淑	근간
58 꿈의 철학	劉文英 / 河永三	22,000원
59 女神들의 인도	立川武藏 / 金龜山	13,000원
60 性의 역사	J. L. 플랑드렝 / 편집부	18,000원
61 쉬르섹슈얼리티	W. 챠드윅 / 편집부	10,000원
62 여성속담사전	宋在璇	18,000원
63 박재서희곡선	朴栽緖	10,000원
64 東北民族源流	孫進己 / 林東錫	13,000원

65	朝鮮巫俗의 研究(상·하)	赤松智城·秋葉隆 / 沈雨晟	28,000원
66	中國文學 속의 孤獨感	斯波六郎 / 尹壽榮	8,000원
67	한국사회주의 연극운동사	李康列	8,000원
68	스포츠인류학	K. 블랑챠드 外 / 박기동 外	12,000원
69	리조복식도감	리팔찬	절판
70	娼 婦	A. 꼬르벵 / 李宗旼	22,000원
71	조선민요연구	高晶玉	30,000원
72	楚文化史	張正明	근간
73	시간, 욕망 그리고 공포	A. 꼬르벵	근간
74	本國劍	金光錫	40,000원
75	노트와 반노트	E. 이오네스코 / 박형섭	절판
76	朝鮮美術史研究	尹喜淳	7,000원
77	拳法要訣	金光錫	10,000원
78	艸衣選集	艸衣意恂 / 林鍾旭	14,000원
79	漢語音韻學講義	董少文 / 林東錫	10,000원
80	이오네스코 연극미학	C. 위베르 / 박형섭	9,000원
81	중국문자훈고학사전	全廣鎭 편역	15,000원
82	상말속담사전	宋在璇	10,000원
83	書法論叢	沈尹默 / 郭魯鳳	8,000원
84	침실의 문화사	P. 디비 / 편집부	9,000원
85	禮의 精神	柳肅 / 洪熹	10,000원
86	조선공예개관	日本民芸協會 편 / 沈雨晟	30,000원
87	性愛의 社會史	J. 솔레 / 李宗旼	18,000원
88	러시아미술사	A. I. 조토프 / 이건수	16,000원
89	中國書藝論文選	郭魯鳳 選譯	25,000원
90	朝鮮美術史	關野貞 / 沈雨晟	근간
91	美術版 탄트라	P. 로슨 / 편집부	8,000원
92	군달리니	A. 무케르지 / 편집부	9,000원
93	카마수트라	바짜야나 / 鄭泰爀	10,000원
94	중국언어학총론	J. 노먼 / 全廣鎭	18,000원
95	運氣學說	任應秋 / 李宰碩	8,000원
96	동물속담사전	宋在璇	20,000원
97	자본주의의 아비투스	P. 부르디외 / 최종철	6,000원
98	宗教學入門	F. 막스 뮐러 / 金龜山	10,000원
99	변 화	P. 바츨라빅크 外 / 박인철	10,000원
100	우리나라 민속놀이	沈雨晟	15,000원
101	歌訣(중국역대명언경구집)	李宰碩 편역	20,000원
102	아니마와 아니무스	A. 융 / 박해순	8,000원
103	나, 너, 우리	L. 이리가라이 / 박정오	10,000원
104	베케트연극론	M. 푸크레 / 박형섭	8,000원
105	포르노그래피	A. 드워킨 / 유혜련	12,000원
106	셀 링	M. 하이데거 / 최상욱	12,000원

107	프랑수아 비용	宋 勉	18,000원
108	중국서예 80제	郭魯鳳 편역	16,000원
109	性과 미디어	W. B. 키 / 박해순	12,000원
110	中國正史朝鮮列國傳(전2권)	金聲九 편역	120,000원
111	질병의 기원	T. 매큐언 / 서 일·박종연	12,000원
112	과학과 젠더	E. F. 켈러 / 민경숙·이현주	10,000원
113	물질문명·경제·자본주의	F. 브로델 / 이문숙 外	절판
114	이탈리아인 태고의 지혜	G. 비코 / 李源斗	8,000원
115	中國武俠史	陳 山 / 姜鳳求	18,000원
116	공포의 권력	J. 크리스테바 / 서민원	근간
117	주색잡기속담사전	宋在璇	15,000원
118	죽음 앞에 선 인간(상·하)	P. 아리에스 / 劉仙子	각권 8,000원
119	철학에 대하여	L. 알튀세르 / 서관모·백승욱	12,000원
120	다른 곳	J. 데리다 / 김다은·이혜지	10,000원
121	문학비평방법론	D. 베르제 外 / 민혜숙	12,000원
122	자기의 테크놀로지	M. 푸코 / 이희원	12,000원
123	새로운 학문	G. 비코 / 李源斗	22,000원
124	천재와 광기	P. 브르노 / 김웅권	13,000원
125	중국은사문화	馬 華·陳正宏 / 강경범·천현경	12,000원
126	푸코와 페미니즘	C. 라마자노글루 外 / 최 영 外	16,000원
127	역사주의	P. 해밀턴 / 임옥희	12,000원
128	中國書藝美學	宋 民 / 郭魯鳳	16,000원
129	죽음의 역사	P. 아리에스 / 이종민	13,000원
130	돈속담사전	宋在璇 편	15,000원
131	동양극장과 연극인들	김영무	15,000원
132	生育神과 性巫術	宋兆麟 / 洪 熹	20,000원
133	미학의 핵심	M. M. 이턴 / 유호전	14,000원
134	전사와 농민	J. 뒤비 / 최생열	18,000원
135	여성의 상태	N. 에니크 / 서민원	22,000원
136	중세의 지식인들	J. 르 고프 / 최애리	18,000원
137	구조주의의 역사(전4권)	F. 도스 / 이봉지 外	각권 13,000원
138	글쓰기의 문제해결전략	L. 플라워 / 원진숙·황정현	20,000원
139	음식속담사전	宋在璇 편	16,000원
140	고전수필개론	權 瑚	16,000원
141	예술의 규칙	P. 부르디외 / 하태환	23,000원
142	"사회를 보호해야 한다"	M. 푸코 / 박정자	20,000원
143	페미니즘사전	L. 터틀 / 호승희·유혜련	26,000원
144	여성심벌사전	B. G. 워커 / 정소영	근간
145	모데르니테 모데르니테	H. 메쇼닉 / 김다은	20,000원
146	눈물의 역사	A. 벵상뷔포 / 김자경	18,000원
147	모더니티입문	H. 르페브르 / 이종민	24,000원
148	재생산	P. 부르디외 / 이상호	18,000원

149 종교철학의 핵심	W. J. 웨인라이트 / 김희수	18,000원
150 기호와 몽상	A. 시몽 / 박형섭	22,000원
151 융분석비평사전	A. 새뮤얼 外 / 민혜숙	16,000원
152 운보 김기창 예술론연구	최병식	14,000원
153 시적 언어의 혁명	J. 크리스테바 / 김인환	20,000원
154 예술의 위기	Y. 미쇼 / 하태환	15,000원
155 프랑스사회사	G. 뒤프 / 박 단	16,000원
156 중국문예심리학사	劉偉林 / 沈揆昊	30,000원
157 무지카 프라티카	M. 캐넌 / 김혜중	25,000원
158 불교산책	鄭泰爀	20,000원
159 인간과 죽음	E. 모랭 / 김명숙	23,000원
160 地中海(전5권)	F. 브로델 / 李宗旼	근간
161 漢語文字學史	黃德實·陳秉新 / 河永三	24,000원
162 글쓰기와 차이	J. 데리다 / 남수인	28,000원
163 朝鮮神事誌	李能和 / 李在崑	근간
164 영국제국주의	S. C. 스미스 / 이태숙·김종원	16,000원
165 영화서술학	A. 고드로·F. 조스트 / 송지연	17,000원
166 미학사전	사사키 겐이치 / 민주식	근간
167 하나이지 않은 성	L. 이리가라이 / 이은민	18,000원
168 中國歷代書論	郭魯鳳 譯註	8,000원
169 요가수트라	鄭泰爀	15,000원
170 비정상인들	M. 푸코 / 박정자	25,000원
171 미친 진실	J. 크리스테바 / 서민원	근간
172 디스탱숑(상·하)	P. 부르디외 / 이종민	근간
173 세계의 비참(전3권)	P. 부르디외 外 / 김주경	각권 26,000원
174 수묵의 사상과 역사	崔炳植	근간
175 파스칼적 명상	P. 부르디외 / 김웅권	22,000원
176 지방의 계몽주의(전2권)	D. 로슈 / 주명철	근간
177 이혼의 역사	R. 필립스 / 박범수	근간
178 사랑의 단상	R. 바르트 / 김희영	근간
179 中國書藝理論體系	熊秉明 / 郭魯鳳	근간
180 미술시장과 경영	崔炳植	16,000원
181 카프카 — 소수적인 문학을 위하여	G. 들뢰즈·F. 가타리 / 이진경	13,000원
182 이미지의 힘 — 영상과 섹슈얼리티	A. 쿤 / 이형식	13,000원
183 공간의 시학	G. 바슐라르 / 곽광수	근간
184 랑데부 — 이미지와의 만남	J. 버거 / 임옥희·이은경	근간
185 푸코와 문학 — 글쓰기의 계보학을 향하여	S. 듀링 / 오경심·홍유미	근간
186 연극의 영화로의 각색	A. 엘보 / 이선형	근간
187 폭력과 여성들	C. 도펭 外 / 이은민	근간

【기 타】

| ▨ 현대의 신화 | R. 바르트 / 이화여대기호학연구소 | 15,000원 |

▨ 모드의 체계	R. 바르트 / 이화여대기호학연구소	18,000원
▨ 텍스트의 즐거움	R. 바르트 / 김희영	15,000원
▨ 라신에 관하여	R. 바르트 / 남수인	10,000원
▨ 說 苑 (上·下)	林東錫 譯註	각권 30,000원
▨ 晏子春秋	林東錫 譯註	30,000원
▨ 西京雜記	林東錫 譯註	20,000원
▨ 搜神記 (上·下)	林東錫 譯註	각권 30,000원
■ 경제적 공포〔메디시스賞 수상작〕	V. 포레스테 / 김주경	7,000원
■ 古陶文字徵	高 明·葛英會	20,000원
■ 古文字類編	高 明	절판
■ 金文編	容 庚	36,000원
■ 그리하여 어느날 사랑이여	이외수 편	6,500원
■ 딸에게 들려 주는 작은 지혜	N. 레흐레이트너 / 양영란	6,500원
■ 딸에게 들려 주는 작은 철학	R. 시몬 셰퍼 / 안상원	7,000원
■ 노력을 대신하는 것은 없다	R. 쉬이 / 유혜련	5,000원
■ 미래를 원한다	J. D. 로스네 / 문 선·김덕희	8,500원
■ 사랑의 존재	한용운	3,000원
■ 산이 높으면 마땅히 우러러볼 일이다	유 향 / 임동석	5,000원
■ 서기 1000년과 서기 2000년 그 두려움의 흔적들	J. 뒤비 / 양영란	8,000원
■ 서비스는 유행을 타지 않는다	B. 바게트 / 정소영	5,000원
■ 선종이야기	홍 회 편저	8,000원
■ 섬으로 흐르는 역사	김영희	10,000원
■ 세계사상	창간호~3호: 각권 10,000원 / 4호: 14,000원	
■ 십이속상도안집	편집부	8,000원
■ 어린이 수묵화의 첫걸음(전6권)	趙 陽	42,000원
■ 오늘 다 못다한 말은	이외수 편	7,000원
■ 오블라디 오블라다, 인생은 브래지어 위를 흐른다	무라카미 하루키 / 김난주	7,000원
■ 인생은 앞유리를 통해서 보라	B. 바게트 / 박해순	5,000원
■ 잠수복과 나비	J. D. 보비 / 양영란	6,000원
■ 천연기념물이 된 바보	최병식	7,800원
■ 原本 武藝圖譜通志	正祖 命撰	60,000원
■ 隸字編	洪釣陶	40,000원
■ 테오의 여행 (전5권)	C. 클레망 / 양영란	각권 6,000원
■ 한글 설원 (上·中·下)	임동석 옮김	각권 7,000원
■ 한글 안자춘추	임동석 옮김	8,000원
■ 한글 수신기 (上·下)	임동석 옮김	각권 8,000원

【조병화 작품집】

■ 공존의 이유	제11시점	5,000원
■ 그리운 사람이 있다는 것은	제45시집	5,000원
■ 길	애송시모음집	10,000원
■ 개구리의 명상	제40시집	3,000원

■ 꿈	고희기념자선시집	10,000원
■ 따뜻한 슬픔	제49시집	5,000원
■ 버리고 싶은 유산	제 1시집	3,000원
■ 사랑의 노숙	애송시집	4,000원
■ 사랑의 여백	애송시화집	5,000원
■ 사랑이 가기 전에	제 5시집	4,000원
■ 시와 그림	애장본시화집	30,000원
■ 아내의 방	제44시집	4,000원
■ 잠 잃은 밤에	제39시집	3,400원
■ 패각의 침실	제 3시집	3,000원
■ 하루만의 위안	제 2시집	3,000원

【이외수 작품집】

■ 겨울나기	창작소설	7,000원
■ 그대에게 던지는 사랑의 그물	에세이	7,000원
■ 꿈꾸는 식물	장편소설	7,000원
■ 내 잠 속에 비 내리는데	에세이	7,000원
■ 들 개	장편소설	7,000원
■ 말더듬이의 겨울수첩	에스프리모음집	7,000원
■ 벽오금학도	장편소설	7,000원
■ 장수하늘소	창작소설	7,000원
■ 칼	장편소설	7,000원
■ 풀꽃 술잔 나비	서정시집	4,000원
■ 황금비늘 (1 · 2)	장편소설	각권 7,000원

東文選 現代新書 31

프랑스 대학입학자격시험 대비 주제별 논술

노동, 교환, 기술

베아트리스 데코사

신은영 옮김

만일 철학이 우리 생활의 기쁨뿐만 아니라, 빈곤과 피곤의 무게를 감당할 수 없다면, 실상 이 철학은 단 한 시간의 노력을 기울일 만한 가치도 없을 것이다. 철학자가 별이 점점이 박힌 모자를 쓴 약장수는 아니지만, 또한 철학자도 추워서 빵 굽는 오븐 곁에 몸을 녹이는 사람이지만, 그는 사유에 의거해 무엇인가 신선한 것, 즉 노동의 진리와 교환의 진리, 기술의 진리 같은 진리를 발현시키는 것으로 자신의 긍지를 삼을 수 있을 것이다.

노동은 권리인가, 아니면 구속인가? 노동에 의한 소외와 실업에 의한 소외 사이의 절충점을 생각해 볼 수 있을 것인가?

임금을 지급함으로써 노동의 산물을 얻어내고, 또 그렇게 받은 임금을 주고 그 노동의 산물을 얻는 식으로 해서, 교환의 고리는 부조리한 방식으로 끊임없이 재형성되고 있는 것 같다. 사회를 재화의 유통으로 환원시킬 수 있을 것인가? 인간은 기술에 의해 구원을 얻을 것인가?

베아트리스 데코사는 이 책에서 이같은 사회적 현실에 대해 간결하고도 엄정한 질문을 던지고 있다. 그것이 논술 형태로 다루어져 있는 바, 고등학교 3학년 학생들은 여기서 자신의 사고를 자극할 만한 무언가를 찾을 수 있을 것이다.

東文選 現代新書 2

의지, 의무, 자유

루이 밀레

이다희 옮김

자유 속에서의 우리의 의지는 선의 완성 속에 고정되어 있지 않기 때문에, 우리 존재의 근본적인 법칙은 의무의 형태를 취한다. 그러므로 우리의 운명은 끊임없이 원하는 바에 따라서 선택하는 것이다. 우리는 어떤 의미에서는 항상 '가능태'이다. 다시 말하자면 우리는 다른 사람과 함께, 다른 사람 덕분에, 그리고 다른 사람을 위해 현재화하기 위해 산다. 그 어떤 것도 고독하지 않을 뿐만 아니라, 그 어떤 것도 확정적이지 않다.

육체의 자유로운 처분과 자본의 자유로운 순환. 자유결혼과 자유교역, 여성해방과 해방신학…… 경제에서 도덕에 이르기까지 근대성은 자유를 요구한다. 그런데 그것은 공기처럼 자유로운 것을 말하는가, 또는 자유낙하할 때처럼 자유로운 것을 말하는가? 나는 자유롭다고 착각하고 있는가? 혹은 참으로 자유로운가? 혼자 자유로운가, 아니면 다른 사람과 함께 자유로운가? 그리고 의무는 또 어떻게 할 것인가?

자, 이제 분명하고 엄격하게, 그리고 깊이 생각해 볼 때가 되었다. 이것이 이 책의 목적이다. 이 책은 자유와, 자유에 필연적으로 뒤따르는 개념인 의무와 의지에 관해 비켜갈 수 없는 아홉 개의 주제를 정확하게 다루고 있다.

본서는 프랑스대학연합출판사에서 펴낸, 고교 최종학년의 대학입학자격시험 논술 과목 마지막 정리를 위한 텍스트이다.

東文選 現代新書 25

청소년을 위한 이야기 경제학

앙드레 푸르상

이은민 옮김

● 인생에서 돈을 벌 것인지 쓸 것인지 둘 중에 하나를 선택해야만
한다. 이 두 가지를 다 할 시간이 우리에게는 없기 때문이다.
● 아무 일도 하지 않는 것은 대단한 능력이다. 그러나 그 능력을
너무 남용해서는 안 된다.
● 경제학의 첫번째 교훈 : 하늘은 스스로 돕는 자를 돕는다.

이 책은 경제에 관한 난해한 개론을 자녀들에게 불어넣으려
고 쓴 책이 아니다. 경제학의 기본 법칙들과 그 철학을 명확하
고 이해하기 쉽게, 그리고 무엇보다도 우선 재미있게 설명하고
있다. 모르긴 해도 경제학자들과 이들의 학문은 일반적으로 사
람들이 생각하는 것보다 훨씬 재미있을지도 모른다.

경제학을 이해하려면 우선 몇 가지 노력과 최소한의 관심이
필요하다. 왜냐하면 경제학은 의학처럼 습득되는 것이니까. 비
록 항상 수월한 학문은 아니지만, 그렇다고 해서 몇몇 고지식한
사람들이 만들려고 하는 것처럼 이 학문이 쐐기 같은 것도 아니
다. 그렇기 때문에 이 책은 개론서도, 학문적인 지침서도, 지겨
운 사상서도 아니며, 기교가 압권을 이루는 그런 책은 더더욱
아니다.

저자는 아주 무미건조하면서도 지극히 인간적인 이 학문에 관
계된 중요한 문제들을 대화체의 흥미로운 이야기로 설명하고 있
다. 그의 이야기는 재미있을 뿐 아니라 유용하면서, 흥미롭게 전
개되지만 경박하지 않다. 다시 말해 어렵게 생각되어지지 않으
면서도 진지한 이야기가 되고 있다.

東文選 現代新書 16

딸에게 들려 주는 작은 철학

롤란트 시몬 셰퍼

안상원 옮김

★독일 청소년 저작상 수상(97)
★청소년을 위한 좋은 책(99)
　(한국 간행물 윤리위원회)

　작은 철학이 큰사람을 만든다. 아이들과 철학을 이야기하는 것이 요즘 유행처럼 되었다. 아이들에게 철학을 감추지 않는 것, 그것은 분명히 옳은 일이다. 세계에 대한 어른들의 질문이나 아이들의 질문들은 종종 큰 차이가 없으며, 철학은 여기에 답을 줄 수 있다. 이 작은 책은 신중하고 재미있게, 그러면서도 주도면밀하게 철학의 질문들에 대답해 준다.

　이 책의 저자 시몬 셰퍼 교수는 독일의 원로 철학자이다. 그가 원숙한 나이에 철학에 대한 깊은 이해를 가지고 자신의 딸이거나 손녀로 가정되고 있는 베레니케에게 대화하듯 철학 이야기를 들려 주고 있다. 만약 그 어려운 수수께끼를 설명한다면 어떻게 할 것인가를 모형적으로 제시하고 있다.

　철학은 우리의 구체적인 삶과 멀리 떨어져 있는 삶이 아니다. 우리가 사용하고 있는 말이란 무엇이며, 안다는 것은 무엇인가. 세계와 자연, 사회와 도덕적 질서, 신과 인간의 의미는 무엇인가 등 철학적 사유의 본질적 테마들로 모두 아홉 개의 장으로 나누어 이야기하고 있다. 쉽게 서술되었지만 내용은 무게를 가지고 있어서 중·고등학생뿐만 아니라 대학생과 성인들에게 철학에 대한 평이한 길라잡이가 될 것이다.